直捷之道

30堂課，體驗真正的開悟和解脫

阿迪亞香提的覺醒課

The DIRECT WAY

THIRTY PRACTICES TO EVOKE AWAKENING

阿迪亞香提 Adyashanti 著　謝明憲 譯

目錄

練習索引

【前言】

直捷之道：喚起未經過濾的內在真實

歡迎來到直捷之道的練習！如果你熟悉我的靈性教學，你會知道我都稱它們爲「解脫之道」。在本書中，我將介紹一套名爲「直捷之道」的新教學，這是一種活潑的觀照靈修法。它們是解脫之道的教導（自我了悟的修行或覺醒本身）中，最根本、簡明扼要、重點集中又直接的教學形式。

這些教導之所以直接，是因爲它們只能以直覺、體驗的方式來實踐。

在這當中，我不是採用大家較爲熟悉的那種循序漸進的方法，而是以見地本身來呈現自我了悟或覺醒。小我絕不可用自己的努力來試圖實踐這些教導，因爲它們只能從那本然存在的、先於我見之心（ego-mindedness）的意識狀態中來練習。而這種意識狀態只能透過放鬆來進入，絕對無法透過那些以自我爲中心的努力或聰明取巧來達成。

舉例來說，在你企圖尋求或達到這個意識狀態之前，有一種平安、寧靜、覺知的意識狀態本來就存在於你當下的體驗中。你要做的不是試著透過某種追尋或精神的努力來達成它，而是去注意及認出那在你尋找它之前，早已存在於你體驗中的那個寂靜和清醒的背景。直捷之道的教導不僅運用這個本然存在的臨在狀態，同時也喚醒它所有的潛能或全然了悟的狀態。

爲了獲得成效，直捷之道的教導必須懷著眞心、誠實和依靠自力的態度來實踐。就這個意義來說，一個人必須具備高度的眞實性和成熟度才能採用這種直接的教導形式。它的焦點不在於老師或學生，而是在體驗上。矛盾的是，在所有解脫之道的教導中，這是最容易被誤用的。因此，如果你要接受這個教導，我建議你不要懷著想獲得什麼的想法，或帶有自我爲中心的目的；相反的，你要爲了揭示眞相和一切眾生的利益，而帶著最深的正直和最誠摯的投入來進行這些練習。

這些教導並不是用來閱讀、研究或尋求概念上的了解；它們是用來實踐的（一天做一項練習）。你必須在生命的甚深寂靜中體驗它們。直捷之道的教導方法只有直指的練習，此外無它。每一個教導都是直接喚起你特定的生命狀態或意識狀態的方法。這就是為什麼這些練習只能在頭腦尋求如何了解它們之前，被直覺地理解和實踐。

投入直捷之道時，注意力的焦點不可放在概念心上，而是要讓心安住在一種直觀、開放的狀態。你必須針對這些教導的每一項練習進行個別的靜心，直到你對它們眞正有所體悟。若是某個練習特別吸引你或你特別喜歡，那麼你可以特別加強它。每一個練習的時間，可以依你的感覺而定；

你覺得需要練習多久，就可以練習多久——一天、一星期、一個月、甚至一年也沒問題，因爲洞見的品質遠比練習的次數更加重要。

靈性覺醒指的是領悟某種洞見，這種體驗很像半夜從夢中醒來的感覺。它是從分裂的「我」及其感受生活方式的夢境中醒來，而覺悟到遍一切處的「在」（Being）及無分裂的實相。這種覺醒不是逃避生活，也不是排斥自己或人間，而是接受「在」的眞相，這包括你自己和一切眾生的「在」。

「在」是什麼呢？我用這個詞來指稱覺觀（awakened view）所看見的

你及一切萬有之實相的潛在本質。你可以把「在」視爲道、無盡藏（the Infinite）、實相、究竟（the absolute）、本體（noumena）、空性、神格（the Godhead）、純粹意識、覺性（非傳統意義上的那種有限的覺性）或靈（Spirit）的同義詞。重要的是要記住，「在」的本質是無法透過語言完整地描述或從概念上去理解的，而只能從經驗上去體會。因此在這些練習中，我們不是從概念上去了解「在」是什麼。因爲「在」並不是一個「什麼」或「東西」，而是開悟本身的覺觀和狀態。

靈性的覺醒有深有淺，有持續性或非持續性的。一般來說，在更根本和持續性的覺醒發生之前，你會先對開悟的見地（它會對生命造成不同程度的轉變，不容被輕忽）有短暫的瞥見或預先有所體會。此外，靈性的覺醒並非靈性探索的結束。它是那東奔西忙的探尋者的終結，但卻是探索實相的無盡本質及一趟無盡旅程的開端。而這個旅程就是透過你那無價的肉身載具，在日常生活的挑戰中體現你所覺悟的實相。

直捷之道的練習就是在今日以及每一天投入一個練習，來好好地幫助你覺醒於你的本來面目。每一個練習可以在一天當中的靜心時段，或是在安靜而不受打擾的時候來靜靜地觀照。這些練習的難處在於，你要能不懈地用極大的耐心和投入來進行每個練習。做直捷之道的任何練習，永遠要記住：保持簡單、放鬆和持續性。

爲了讓靈性覺醒的完整本質更爲實際可行，我在直捷之道中將覺觀分成三個較小的洞見面向，每一個面向都將深切地改變你的生命。

一、覺醒的覺性：覺醒於覺性之無相的「在」。

二、覺醒的心：覺醒於身體及一切現象的一體性。

三、覺醒的本基❶：覺醒於神聖的本基。

譯註：

❶根本基礎（Ground of Being，以下簡稱「本基」），其定義是：「一切存在的本源和原貌」，此概念與我們一般所認為的「根基」極為不同，它比較像禪宗所謂的「本地」。用「本基」這個大家較不熟悉的新詞彙，主要是為了凸顯其特別之處，使讀者注意到這是「新的東西」，不可以輕易地放過。

事實上，我們只要足夠深入便會了解，這三個基本面向的每一個都包含了整個覺觀。這三個面向是同時出現在深刻的完全覺醒，因此本書的最後部分整合了直捷之道的各個方面，將覺觀帶入你的日常生活中。

在本書的每一部分，我都會提出幾個簡單的、重點集中的靈性練習，這些練習是設計來讓你在直接的體驗中喚起覺醒的狀態。每一個練習都可以在你靜心時或日常生活中不受打擾的時候來進行。我建議你在靜心或冥想的安靜時刻，以及一天當中不受打擾的時候（例如散步或獨自一人時），都來進行這每一天的練習。儘管每個練習也可作爲更長時間的靜心主題，不過我們著重的是每天短時間但重複多次的靈修。我的建議是，讀完每個練習後就立刻付諸實踐，然後根據記憶在一天當中至少重複練習三至四次，必要時可以再重新閱讀那個練習。透過重複地練習，你將會對該練習在你的直接體驗中所引發的東西有更深刻的領悟和理解。

這些練習的美好之處在於，它們並沒有任何特別的設定、信念體系或環境的要求。要讓練習產生效果，你只需要具備眞誠的好奇心，以及將它們以簡單和重點集中的方式持續付諸實踐的願心。但我要提醒你，千萬別在開車或從事危險工作時做其中的任何一項練習；你只能在有空閒、不受打擾的時候才做這些練習。

這些簡短的靈修或提示，是用來喚起你的直覺洞見。你的焦點應該放在直接的體驗和自然的覺性，而不是想讓什麼事發生或進行哲學上的思考。做練習時要持續把焦點放在直接的體驗上。若什麼事都沒發生或某個練習令你感到困惑時，不要試著讓任何事情發生。此處的重點是，不要努力。如果那個練習沒有喚起你任何東西，那就在當天稍後或隔天再試一次，並且不要期待每個練習都會對你起作用。

我之所以更換每個練習的導向的理由是，雖然某個練習可能無法引起你的共鳴或對你起作用，但措詞或方法上的小改變或許更能產生效果。此外，你要將每個練習視爲直覺和體驗的實驗，並且盡可能地對每個練習保持簡單、直接和開放的態度。做這些練習時，不要苦幹、努力或求快；相反的，你要享受它們，並讓它們引領你進入生命的奧祕和神奇——一場扣人心弦、關於內在探索的奇遇記！

要記住，我在直捷之道的教導中所使用的描述性用詞，是爲了喚起那未經過濾的內在體驗和感受。這些描述不能從字面上來理解，也不能將它們視爲一種靈性的哲學或玄學的臆想，儘管有時候這些教導可能聽起來像是那樣。我用的語詞是要指出及傳遞那完全超越概念和語言範疇的開悟體驗和見地。事實上，所有的體驗終究都是超越一切語言和概念的。此外，開悟並不是一種轉瞬即逝的事件、哲學或神學；雖然一旦體驗到它，它確實會對一個人的思想和觀念產生影響。了解這一點是很重要的。

請記得：開悟是一種看待及體驗人生的方式。這些練習是對於眞理、愛和智慧全面性投入的一部分（但卻是強而有力又重要的部分）。它是站在爲無私地利益一切眾生的道德和倫理的基礎上，以及懷著對「在」的偉大奧祕的感恩之情所做的投入。

阿迪亞香提（Adyashanti）

二〇二〇年十一月於加州洛思加圖斯

【第一部】

覺醒的覺性

覺醒於覺性之無相的「在」

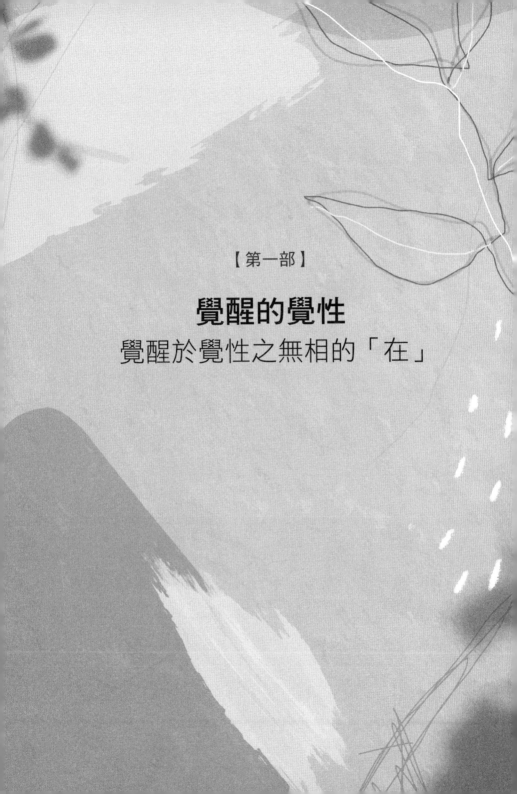

覺醒的覺性練習，重點在於不與概念心認同，特別是那我們幻想成是自己的假我或小我。把小我稱爲「假我」並沒有貶低或批判的意思，只是如實地爲它命名：一種我們過於習慣與之認同的心理過程。假我不具有持續性；它既不是東西或名詞，也不是人。它只是我們誤認爲是自己的一種心理過程。

我通常把假我稱爲思想創造的我或心理上的我。假我在無意識的生命狀態下成長茁壯。當我們對「在」一無所覺，我們的注意力就會癡迷於頭腦，亦即我們已經習慣將之視爲自己的那一大堆想法、意象、信念、習慣、意見和評斷。然而，這些並不是你自己；它們不過是那些受制約的心理過程僞裝成你罷了。別忘了，早在你有任何可以認同的想法或概念之前，你就已經存在了。你並不是在獲得小我之時才突然存在的。就最好的情況來說，小我頂多只是功能性的工具，以暫時幫助你在這世界闖蕩；就最壞的情況來說，小我是看似極爲逼眞的噩夢。無論哪一種情況，在我們把小我當成自己的本來面目的那一刻，它就成了假我。不過好消息是，我們確實可以從假我的幻覺中醒來，並恢復我們實質的身分。

我們先從認出那本然存在的覺性開始。當下正在認知這些文字並想知道它們的意思的，就是覺性。這個看似再平常不過的覺性，正是讓你覺醒於你的「在」的眞實本質途徑。事實上，這個覺性一直都現前於當下，也比你所想像的更有資格稱爲實質上的你，因此它反而很容易被視而不見。離開你的念頭往內簡單地走一步，並認出你在整串心理活動和自我意象的造作之前的本來面目。它就像呼一口氣那樣地容易；它簡單到只要你願意接受你那難以描述的臨在所帶來的驚奇。

當覺性從覺性之內的內容自行停止分別，並意識到它自身即是你的自性，此時，「在」的這一面向就覺醒了。換句話說，覺性不是你造作出來的，而是它就是實質上的你。一旦你開始看清，所有你認爲及想像的你，其實不過是出現在覺性的玄妙場域（intangible field）內的心理內容，你便可親自體會到這一點。覺性之內的內容（包括那些構成假我的種種想法、判斷和意象）是來來去去的。儘管其中有許多內容會不斷地重複出現，但它們沒有一個是有持續性的，也沒有一個是眞實的你。此處的重點是，不要相信這些來來去去的內容，而是體認到它們是活生生的現實；它們是你實質的「在」的覺知面所本具的任運自在。

我們來實踐這一點。

- 首先，安住於你當前的任何體驗。不要想改變或想知道你現在爲什麼有這個體驗。別改變你當前的體驗，也不要理會你對它的任何想法。

• 放鬆地進入覺性，就如同晚上你的身體放鬆而進入睡眠的感覺一樣。

• 注意你的想法就只是想法，感受就只是感受，聽到的聲音就只是聲音，看到的景象就只是景象（如果你是睜著眼睛的話）。

• 讓覺性從專注於體驗的內容中放鬆下來，然後輕鬆地進入覺性本身的開放和寧靜空間。我們就稱它爲「意識背景」（conscious context）。

- 注意覺性正在觀看著你的念頭、感受、景象和聲音。不要試著去了解覺性。注意你的感知和體驗正在被覺性觀看著，但不是你所想的有一個擁有覺性的人在觀看它們，或是有個人試著想成爲觀看者，而是覺性本身在觀看。你不必努力去覺知，因爲覺性就與意識背景（所有的體驗都在它裡頭發生）一樣，從本以來一直都在。
- 注意覺性不是你能看到、觸摸或品嘗的東西。覺性看而無法被看；覺性聽而無法被聽。覺性能觀察心中所有的念頭和意象，但它本身並不是念頭或意象。

• 注意所有關於你自己的念頭、想法、判斷和意象，都是在名為「覺性」的意識背景內生起，同時也被它觀看著。

這個練習幫助我們了解到，關於你的本來面目，有某個東西（覺性）是比你所認為的自己的那些概念更為根本的。你那些關於你自己的想法、體驗和感知不斷地在生起、變化、來了又去，然而，覺性一直都在。不要試著去理解或了解覺性，只要注意它是你的根本即可。覺性是意識背景，而你體驗的內容則在這個背景內生起、變化及消失。你永遠看不到覺性，但你永遠是從覺性以及作為一個覺性來觀看的。覺醒於覺性之無相的「在」，關鍵就是，放下想用頭腦去理解它的企圖，只要放鬆地進入那簡單、寂靜、開放的覺性本身的直觀中。

我們就從七個提示和練習開始，讓覺性意識到它本身，並從假我的認同中醒來。

第 1 課

覺性是體驗的意識背景

直捷之道是在探討你和一切眾生的「在」的三個面向：覺性、心和本基。我們從實踐覺醒的覺性開始，亦即從頭腦和所有由思想產生和維持的那些身分中醒來，並藉由認出那本然存在的覺性，從而體認到「在」無相的那一面。當覺性從覺性之內的內容自行停止分別，並意識到它自身即是我們的自性，此時，「在」的這一面向就覺醒了。換句話說，覺性不是我們造作出來的，而是我們就是它。

安住於你當前的任何體驗。不要想改變或想知道你現在爲什麼有這個體驗。別改變你當前的體驗，也不要理會你對它的任何想法。然後，注意你的想法就只是想法，感受就只是感受，聽到的聲音就只是聲音，看到的景象就只是景象（如果你是睜著眼睛的話）。

如此一來，你所有的念頭和感受都被覺性觀看著。同樣的，不要企圖去分析或了解覺性；反之，你要注意覺性正在觀看著你所有的感知和體驗。覺性不是你能看到、觸摸或品嘗的東西。覺性看而無法被看；覺性聽而無法被聽。所有關於你自己的念頭、想法、判斷和意象，都是在覺性內生起，同時又被覺性觀看著。

在體驗的意識背景內做練習時，你會知道有某種東西（覺性）是比你所認爲的自己的那些概念更爲根本的。因爲覺性是唯一不會隨著你的念頭、體驗和感受的變化而來去的東西。

練習1

認出覺性

• 首先，身體放鬆。

- 將注意力從你的念頭和感覺，轉移到你呼吸的感受上。
- 與你的呼吸共處一段時間。
- 注意你沒經過任何意圖或努力便已覺察到當下。
- 注意那認出體驗的每一刻的就是覺性。
- 注意這一事實：覺性本來就一直在運作著。覺性就是那在觀看的意識背景，而體驗的內容就在這背景內來來去去。

- 注意那覺性的背景。認出它，但不要試著去理解它或了解它。你不需要使覺性更加地覺知，因為它本來就一直在澄澈地覺知著。念頭和體驗就是在這覺知的空間內出現的。

- 注意念頭是來來去去的，但覺性一直都在；感覺是來來去去的，但覺性一直都在；感受是來來去去的，但覺性一直都在。一切現象都在覺性這個意識背景內來來去去。甚至你那些關於你自己的想法、過去的記憶和自我評斷，也都是在這覺性的意識背景內來來去去。

- 在這種放鬆的覺知狀態下，注意你整個由心理建構出來的身分，以及你那關於你自己的概念，都在這覺性的空間內短暫地生起，然後下一刻就又消失了。
- 不論你的本來面目是什麼，它一直都在。它超越了那曇花一現般關於你自己的概念。
- 你永遠都在這裡，而你的本來面目遠比你那關於你自己的概念更為根本。

第 2 課

覺性的空廣本質

在第一個練習中，我們專注於覺性是那在觀看的意識背景，而所有的體驗內容就在這背景內來來去去。現在，我們將深入那在觀看的覺性其空廣的本質。

現在，不管我們的念頭、感受、想法或心理意象是什麼，通通讓它們是怎樣就怎樣。不要試著去改變它們或想理解任何東西。放下算計的頭腦，先別去理會它。如此一來，你會發現，覺性正在觀看你所有的念頭、感覺和感受。務必花一點時間安住於這個觀察，並成爲與那在觀看的覺性無二無別的觀看者。如此一來，覺性便毫不費力地現前了。你根本不必去創造它、捕捉它或強迫它發生，而只需要在你體認到空廣的本質或覺性的時候，予以注意並認出它來。

練習 2

體驗覺性的廣大和開放

- 首先，作為那在觀看的覺性而安住著。然後，注意你的覺性的直觀感受是多麼地廣大、開放、明澈和純淨——從本以來一直都是如此。

- 去體驗覺性如同天空般廣大又開放，而念頭和感覺在它裡頭來來去去。讓自己安住在覺性這種如天空般廣大又開放的本質中，既不執著任何東西，也不排拒任何東西。
- 別只是用頭腦去貼上天空般開放的覺性本質的標籤，畢竟這樣也還是一個概念。相反的，你要讓你的身體裡裡外外都感受及感覺到它的敞開性。

• 這一天多做幾次，讓自己安住於覺性這種廣大開放的感受中。要記住，你是安住於你的「在」其根本的無相本質中；它即是那從本以來就毫不費力地自然現前的覺性。

第 3 課

「在」的臨在

現在，我們已經安住在覺性空廣的本質中。接下來，我們要探索那在觀看的覺性其更進一步的面向：「在」的臨在。首先，我們要簡單地認出覺性。我們看出來，所有的感知和體驗都發生在覺性的場域內。覺性照亮了我們的世界，使我們能意識到我們當下所體驗的一切。

當你用一點時間去注意，是覺性使你能意識到當下的整個體驗時，你就會了解，覺性那廣大和開放的本質有它本身的存在。這意味著，覺性的體驗是一種隱微的直觀感受——一種隱微的生命感。話雖如此，但嚴格說來，覺性並不是一種體驗；它是在粗鈍體和精微體（能量體）這兩者之內喚起了臨在的體驗。當你透過心輪來感受覺性時，有時候會更容易感受到臨在。當你用一點時間去注意覺性如何喚起「在」的臨在體驗時，可以進行這一嘗試。

練習3

臨在當下

- 注意臨在的微妙感受。臨在是「在」的單純感覺，亦即覺性固有的隱微光輝或生命力。
- 你越能做到當下非概念性的直接體驗，就越能看出覺性的背景臨在。安住在這本來就一直在發生、開放、廣大又寂靜的覺性臨在一段時間。

• 要記住，當你進行這項靈修時，並不是為求得某種未來的成果，而是開始越來越意識到你的真實生命的根本面向。你是作為覺性本身在體驗你自己。

第 4 課

安住於「我在」

今天，我們要練習安住於「我在」（I AM），亦即安住在思想創造的個人身分出現之前的我們。我們通常是透過那些關於我們自己的想法來界定自己；不過想法畢竟只是想法而已。就這些想法本身而言，它們除了抽象的意義外，並沒有任何的眞實性。因此，今天的練習是安住於所有思想創造的虛假身分出現之前的「我在」。這個「我在」沒有我是張三或李四的身分認同，而是直接去體驗「我在」。

對自己說「我是」，然後加上你的名字和普通意義上的你。以我爲例：「我是阿迪亞香提。我是靈性導師兼作家，是人子也是丈夫。」我們就是這樣被教導去認同我們的名字、我們過去的經歷和思想所創造的身分（它們形塑成我們的自我意象）那變化無常的混合物。自我意象也是由負面和正面的自我評斷、信念、看法及人生經歷所構成的。所有這些由思想創造和維持的身分，通常就被當成是我們自己。在這個練習中，我們將忽略這些身分。

練習4

「我在」的直接體驗

- 對自己說：「我在」。這個「我在」沒有我是張三或李四的身分認同，而是單純的「我在」。
- 注意「我在」的直接體驗是多麼地沉默和寂靜。注意純粹的「我在」是多麼地沒有自我意象、沒有自我評斷、沒有看法、沒有形相。

• 自我意象或評斷也許會生起，但要記住，它們都是思想的產物。它們不過是頭腦裡那些受制約的想法罷了。我把思想創造的自我稱為「假我」或「心理上的我」，因為它不過是思想和記憶的抽象創造物。真正的你怎麼可能只是一個思想或思想的集合？

• 注意有思想或沒思想，你都存在。即使你的頭腦沒有創造以「我」為中心的想法，你還是存在。顯然，你真正的「我在」、你真正的「在」，是先於你的思想和感受的；它們之所以被喚起，是因為你相信這些思想就是你。

• 注意思想就只是思想而已，它們是頭腦創造的抽象、轉瞬即逝的東西。當頭腦安靜下來時，你還是在，但不是身為一個思想，也不是身為一個被評價或評斷的某人或某物。

• 當你安住在這先於所有的思想、自我制約和臆想的純粹、純淨又寂靜的「我在」的感受時，注意當你超越了思維，你那「我在」的真實感即是覺性映照出來的影像，是同一個覺性在觀看著這一刻。

• 安住於「我在」的完整覺性中。

- 真正的你即是覺性的「我在」。
- 「我在」即是覺性認出它自己是覺性。
- 安住於你真正的「在」的認出上。

第 5 課

「我在」：你的眞實身分

在直捷之道的這個階段，我們以「在」作爲我們的我在（我們那有意識又空廣的無相覺性的臨在）的基本定義。這是我們眞實的「在」的無相本質。然而，我們必須安住於「在」的直接體驗中，才能超越這些語言的描述而覺醒於它們所指的活生生的實相——我們的眞實身分。

要記得，這些練習最重要的一面就是保持簡單和持續性。換句話說，在體驗你的眞實身分時，只要專注於直接的體驗和感受上，而不必理會那些數也數不清的思想觀念和意象。

練習5

體驗你的真實身分

- 將你的注意力從頭腦轉移到那容納著頭腦的覺知空間。這就像放鬆身體或鬆開注意力的焦點一樣簡單。
- 當你鬆開注意力，它會自然地像天空一樣的廣大和開放。

• 放下一切有意的思考，安住在那覺知的背景、你那純粹的「我在」的廣大臨在。

• 要記住，真正的「我在」是覺性認出它自己是覺性。不是「我是這個或那個」，而是覺性的「我在」認出它本身。感受一下這純淨的「我在」的簡單純粹。

• 要注意，在「在」的這個深度上，覺性是沒有制約、寂靜又無言的臨在。你的真實身分（「我在」的真正本質）是遍一切處的。它與一切有情眾生有意識的臨在是相同的。

看你是否能直覺地感受到那透過你（以及你今天遇見的每個人）的眼睛在看的這個有意識的臨在、這個「我在」。

- 作為「我在」之有意識的臨在而安住著，直到它敞開而進入那一切有情眾生的「真正遍一切處的我在」（the true universal I AM）。從本以來，你又何曾不是它呢？

第6課

覺性的寂靜和了知特質——你的「在」

現在，我們要探討覺性的甚深寂靜與了知，它們作爲你的「在」的眞實本質而照耀著。做這項練習時，首先要放下刻意的思維，同時完全不要去理會那些自然出現、非刻意的念頭。

別忘了，我們並沒有要去理解或迫使它發生。放下所有這一類的努力。安住在覺性中，注意覺性本來就一直是寂靜的。這就好像從一個知道它自己的空寂又專注的空間在觀看著。覺性的這一了知的特質，是覺性本身的自然意識。

練習 6

你即是覺性

• 重新集中一下注意力，注意念頭來來去去的那個寧靜空間。放輕鬆。注意你的呼吸的自然節奏。

• 敏銳地覺察是誰或是什麼在覺察。注意不是你概念中的你在覺察，而是覺性認出它自己是覺性——你根本的「在」。

- 注意除了你的思想之外，並沒有一個「你」在直接的體驗中覺察。那個「我」，不過是一種心理的推斷，是一種受制約又有缺陷的結論。

- 注意覺性（或「在」）原本就是自明的（self-cognizant），並且認出它自己是覺性。這種自明的了知感，是認出你自己是覺性的要點。當覺性自明的面向從認同思想的幻夢中醒來，你自然不會再認同心理上的我，並了解到你其實是那開放又明澈的覺性空間。這是覺性覺醒的要點。

第 7 課

作為「在」的無相覺性而安住

爲了明白直捷之道的第一個面向（領悟我們的眞實本質是覺性那無相的「在」），「覺性」和「在」這兩個詞可以互換使用。因爲我們的「在」，其實就像那開放又空廣的覺性。雖然我們確實有肉體和頭腦，但這是我們觀照的機會，去明白它們不是我們最直接和主觀的「在」的體驗。唯有看透我們對心理抽象概念的執著，才能覺悟到我們的眞實本質是無相的「在」，是那空廣的本然存在的覺性。

「注意到覺性的明澈空間」與「作爲覺性而覺醒」這兩者是不同的，但它是我們所能做的最直接又最有力量的練習，使我們能從抽象和受制約的思想本質的認同、以及身體的認同中醒來，而假我就是由這兩種認同所共同形成的。

練習7

安住於「在」

• 作為覺醒的覺性的最後一個練習，用一點時間去注意「在」

那早已存在的寂靜。真心地投入並且放輕鬆，沒有任何關於你是誰的思想、意象或概念；成為那從本至今就一直存在的覺性的臨在；它是無我、無思想又無形象的。

- 認出無制約的覺性其沒有臆想、沒有哲思、沒有靈性概念的狀態。
- 當你放下心理上的理解或了解的努力時，開始放鬆並安住在那沒有概念、自然明澈、無生（unborn）的「在」。

• 覺性的這個本有的臨在，即是「在」的無相和覺知的面向。覺性是「在」所本具的，它即是「在」的本體（the very being of Being）。

【第二部】

覺醒的心

覺醒於身體和一切現象的一體性

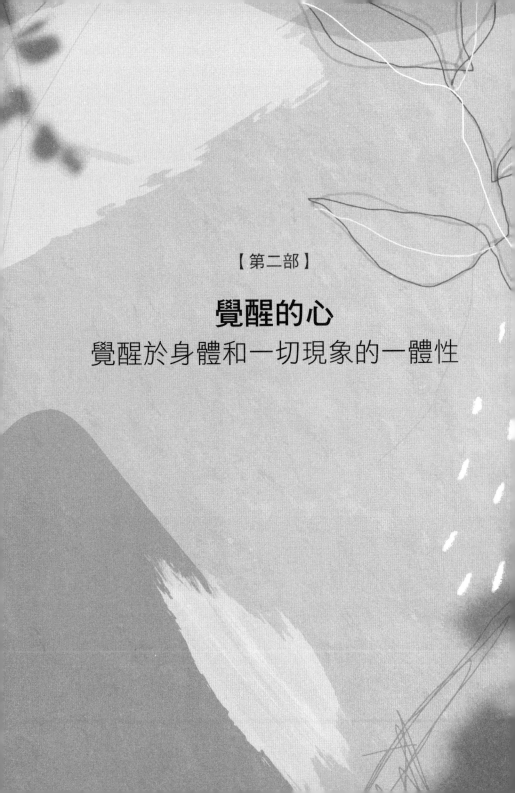

我們從覺醒的覺性開始，在你體驗的同時，我提供了一些練習來引導你。你可以把覺醒的覺性想成是天空——沒有身體和頭腦的認同。覺醒的覺性像空間般安住著，這個空間是一切生命那一無所執的觀看者。雖然覺醒的覺性是廣大又自在的，但它可能還是有點斷斷續續，或者尚未意識到與一切眾生和一切萬物的一體性。此時，就要把「靈心」(Spiritual Heart) 納入進來。

要喚起靈心進入覺觀，覺性必須確實地、甚至是具體地從其空性的玄奧中落實到心來。當覺醒的覺性完全落實到心裡頭，就會感受到存在的一體性。將覺性本身帶入身體，是讓靈心覺醒的重要部分。

在直捷之道的教導中，「心」指的是那直接感受到一切存在的本質相同性和絕對親密性的感官感知。在心的層面上覺醒，將喚起我們內在潛藏的能力，來感知及體驗一切存在的潛在一體性。這種一體的感受是一種全然的親密，並對一切萬有充滿感恩之情。它是那透過靈心所感受到的覺醒覺性之廣大空無，而其結果是了悟及體驗到感知者、感知與被感知者是一體無別的發生。

覺醒的覺性是覺性向上抽離對身心認同的一種超越，而覺醒的心則是讓覺性向下進入到靈心。第一個覺醒（覺性）是空性的靈性化；第二個覺醒（心）是形相的靈性化，以及看見形相或存在的眞實本質。它們是不同的，但它們並存著觀點、感受和體驗著相同的「在」的根本實相。

這可能是你首次注意到永無封閉、也無敞開的靈心。靈心比情緒心還大，它是那容納著情緒心的心。它廣大無邊，沒有界限，沒有內或外。這個心與覺性連結，而這個覺性就是你。這個連結非常深，因此它與覺醒的覺性沒有本質上的差別，不如說它就是覺醒的覺性的心。這些心的練習的主要目的，是要感受及體驗一切萬物的親密一體性。

第 8 課

喚起靈心

覺性有個「心」。這個心的特徵不是情感上的情緒，而是感知存在的一體性的直覺能力。無條件的愛從存在的一體性中源源不絕地流出。靈心不是情感心，因爲情感心是有開有閉的。靈心並沒有特定的處所，但它與情感心在身體的同一處（胸膛）共鳴。覺性之心跟覺性一樣永遠敞開，但它的敞開性是充滿愛心的（heart-full）。覺性之心是一個充滿愛又親密地連結的覺性，它是沒有執著或要求的親密性。它既無封閉，也無敞開。因爲從本以來，它就一直與覺性本身一樣的開放和廣大。

若沒意識到覺性之心或靈心，我們就無法體驗它；對於沒意識到覺性之心或靈心的人而言，它等於不存在一樣。現在，讓我們對它敏感一些，並透過將注意力安住於靈心寂靜的臨在來喚起它。

練習8

感受靈心的寂靜

• 讓覺性從你的頭部內及其周圍，往下移到胸膛心臟的位置。此時，不要專注在情感心上。要記住，情感心是在更大的靈心的空間之內。

- 不管情感心中生起哪一種情緒，都讓它如其所是。在這個練習中，你要注意的是比情緒更加隱微的東西。
- 將你的注意力安住於胸膛（我稱為「心」的地方）的寂靜中。每當你將注意力安住於心時所感受到的寂靜臨在，即是你與靈心的接觸點。注意並感受這個隱微又安靜的臨在。

- 這個心的臨在會幫助你將注意力導往心的大方向。透過安住於心的臨在，你讓自己對靈心的全然綻放敞開。但重要的是要了解，千萬別誤以為心的全然綻放是一種強烈或無比快樂的感覺；它其實是心體驗一體性的感受能力的覺醒。
- 感受靈心那漫無邊際的寂靜臨在，它隱微地遍布在整個覺性的場域。
- 體驗到覺性之心的臨在，靈心的潛藏能力便開始啓動。

- 當你將覺性安住於心中時，讓自己發展出覺性的感覺。去感受當你將覺性安住於心中時，覺性所具有的臨在特質。
- 一天當中的任何時刻，只要你記得就做這項練習，並看看你在日常生活中是否能保持心中的某些臨在感。

第9課

虔誠地安住於心的寂靜臨在

現在，我們將焦點放在活化靈心上，好讓我們能安住在它裡頭。我們的心輪不僅是感覺的中心，它同時也是感知的中心。活化心輪與是否有強大、劇烈的感覺或情緒無關。它們或許會發生，但它們不是練習9的重點。這個練習是要喚起靈心那些更安靜又更隱微的維度。別管你的情感心感覺是敞開或封閉的。做這個練習時，要讓你的心輪能以任何的方式回應。只要持續做這個練習，心輪就會綻放其真正的潛能。

要記住，永遠要像對待你最關心的人一般地對待你自己。靈心遠比情感心更加隱微和安靜，並且能直觀地感覺及感知到與一切眾生的深層本質連結。爲了將覺性導向靈心，你必須讓自己的覺性深入心輪。隨著覺性深入心輪，你會開始感覺某種微妙的寧靜包圍著你，以及一種微妙的臨在感或生命力。

靈心中的臨在，就好像感覺心輪充滿了陽光般的溫暖光芒，並從心輪中發射出來。這個臨在的體驗，有時可能是溫和的，有時也可能是強烈的。

練習9

讓覺性深入心輪

- 將你的注意力安住於心輪內及其周圍的寂靜臨在。不要抓取任何事物，或試圖促使任何事情發生。當你的感官變得溫和又安靜時，讓覺性深入心內。在你奉獻自己的時間和注意力的同時，去感覺從靈心發出的隱微的臨在光芒。
- 不要強迫任何事或採取壓迫性的手段。專注於心時，要如同懷著愛與虔誠來虛心奉獻一樣。因為唯有帶著愛、虔敬和真誠的特質，你才能有效地將你的覺性奉獻給心的臨在。你的焦點必須放在你奉獻時的真誠，而不是關注在你接收到了什麼。

- 這項練習強調的重點是，你是用什麼樣的態度將注意力奉獻給心中那隱微的臨在感受。每次你將注意力移回到心上，就要把它當成是一種奉獻或獻身的行為。因為你正在付出此生最珍貴的兩樣東西——時間和注意力——給靈心的臨在。不要機械式地付出你的注意力，而是要虔誠地付出，就好像你在奉獻一個偉大又有意義的禮物一樣。

• 幾分鐘後，從心輪來觀看你的周圍，並注意心如何感知你所看到的一切。透過心中的寂靜之眼與臨在的柔和光輝來觀察這個世界。當你從那奠基於心的臨在來觀看時，注意你的體驗有什麼不一樣。

• 這是一個盡可能頻繁地從心的寂靜臨在來感知及生活的練習，同時知道自己不可能做得盡善盡美。不要因為無法做到完美而感到焦慮。光是你的真誠便已足夠。

第 10 課

靈心與一切眾生的緊密連結

與作爲感覺和反應中心的情感心不同的地方是，靈心是大多數人仍處於休眠狀態的感知中心。不同形式的情感創傷所造成的一種結果是，我們往往會在童年或青少年的某個時期，在某種程度上封閉自己的情感心並遠離靈心，以作爲一種自我保護。這種自我保護是完全可以理解的，但它終究是行不通的。因爲其結果就是造成心的封閉，並切斷了我們與生俱來感知及體驗與一切眾生共有的殊勝本質的能力，而只留下那無心造成的自釀創傷。

不過，天大的好消息是，靈心與情感心並不屬於同一個範疇。儘管靈心可以作爲痛苦情感的無心誤導的回應而被疏遠，但靈心是百害不侵的。它無法被傷害或破壞，反之，它能夠不帶恐懼、評斷或不被絕望吞沒地容納人生那不可避免的悲劇面向。因爲它雖然是在時空的物質維度內運作，但其本源是根植於覺性的無相維度。

與情感心不同的是，靈心沒有邊界、限制、偏愛或自我爲中心的評斷。儘管我們可能意識不到靈心，但靈心永遠不會封閉。不論是過去或未來，靈心從來不會受傷。也許它的光可能會被我們無心地疏遠而看似被遮蔽了，但它從未眞正地離開過我們。因爲它是我們眞實的「在」的親密面向。它就在此時此地——只要我們轉向它，它永遠都在那兒。

練習10

讓感官安住於靈心的寂靜臨在

- 轉向心輪那寂靜又隱隱發光的臨在。首先，在心輪內及其周圍生起一個微弱、安靜、如低語般的臨在微光。把你的注意力奉獻給它。不要抓住它，不要想控制、占有或被它占有。只要單純地奉上你虔誠的注意力。

• 讓靈心與你的感官（視覺、聽覺、味覺和觸覺）混合在一起。安住於心的覺性臨在中來觀看這個世界。聽聲音時，要從心的寂靜來聆聽它們；嘗味道時，要從心的純真來品嘗它們。總之，要用心的純淨來感受一切。

• 注意心的臨在為你的觀看、聆聽、品嘗和接觸方式帶來的新維度。注意那增長出來的親密性——與一切眾生非常親近的感覺。不論靈心感知到什麼人或什麼事物，你都可能從它們身上體驗到一種完整、純真和親密的感受。

• 讓感官安住於靈心的寂靜臨在中，注意它們如何變得更加敏銳和活躍。透過這項練習，這些感官將會開始以一個整體來運作，而不是各自為政；心也會開始透過每一個感官來運作，使整個身心都生動亮麗又充滿活力，並與一切眾生緊密地連結在一起。

第 11 課

存在的一體性

想像一下，一切的存在、所有形式的生命，都只是凝固的能量。關於這一點，已經有很好的科學證明。但我關心的不是玄學的臆想，而我使用「能量」這個詞，也只是爲了喚起我們內在潛藏的能力來了解一體性。好像（以及如同）愛一樣，一體性是人類所能感受到最親密和連結在一起的體驗。它一點也不抽象。你的整個身心都能體驗到這個一體性。這些喚起靈心的練習不是用來臆測或用頭腦去定義那可感知的一體性之本質，而是要喚起我們潛藏的能力來看見、體驗及感知那非凡的連結的潛在一體性，以及一切存在之間的親密性。

在開始今天直指的練習之前，先將你的覺知從頭內及其周圍往下移，然後讓它安住在心輪，亦即胸膛這塊區域。如此一來，你會開始感受到某種更加連結的「在」的體驗。要記得，你是從心的部位開始在身體上「感覺到」一體；這是一個具體化的練習。對於那些比較喜歡超覺（transcendent awareness）的安全性的讀者而言，這可能會有一點困難。若是這樣的話，我希望你能挑戰自己接受這個練習。因爲在直捷之道的這些教導中，我們追求的是覺醒於「在」的所有維度。

準備練習時，看看你的周圍，並從心去感受你所看到的一切。這世界充滿物質的形相。想像你目光所及的一切，完全是由凝固的能量（或說是靈也行）所組成。看看那樹、牆壁、腳下的土地或你自己的身體，並想像它們全都屬於凝固的能量形式。它們是靈的各種顯現，亦即存在的有意識的活動力。讓自己有這種生命的感覺，即使你尚未以這種方式感知到它。

同樣的，我們要做的不是去臆想這世界的玄學本質，而是要喚起靈心，並喚醒它潛藏的能力來感受及感知一體的實相。

練習11

從靈心去感受所見的一切事物

- 靜下來一會兒，然後安住在心的寧靜中。一天當中這樣做幾次。
- 想像你所見到的一切，包括你自己的身體，都是由無相的能量或靈組成的。每一件事物和每一個人，都是上主、佛或意識活生生的顯現。靈心覺醒時，你所看見及體驗到的生命就是這樣。

• 注意你如此看世界時，你感知或體驗世界的方式（包括你的想像）的任何變化。不要變成胡思亂想，而是要持續地專注在那透過心的直接體驗和感知上。從心去感覺那正在感受著世界的覺性。

• 從安住於靈心的寂靜臨在之覺性空眼，來看一切的人和事物。你所見到的一切相，都是那無相的顯現。一切可感知的存在，都是存在的一體性（遍一切處的「在」）之展現。

第 12 課

此身即佛

佛教禪宗說：「此身即佛」，意思是，一切相的眞實本質，包括你的肉身，即是實相身（body of reality）。頂上的蒼穹、足下的大地和時空所遍及的一切，都是上主的容顏。它就是你的身體、呼吸和心跳；它是你的剛毅堅強，也是你的脆弱和犯錯；它既是你本有的圓滿，也是那生老病死的殘酷現實。這不是玄學的臆想，而是透過覺醒的心來觀看及體驗一切生命時所見到的樣貌。

覺醒的覺性所展現的並非一種能被占有的覺性，而是我們那有意識又廣大無邊的本來面目。在覺醒的覺性層面上，你是在場與不在場，同時也是非在場與非不在場，而這一切都在展現那根本的「在」。這種體驗會帶給我們極大的無畏、自在、輕盈和心智的清明。當這個覺性虔誠地將它自己奉獻給靈心時，那與一切眾生親密又殊勝的連結就出現了。你會知道，那無數的芸芸眾生即是你的血肉和骨髓，同時也是眾生之愛的廣大泉源。你現在的這具身體，就是佛的身體。每一樣事物，都是整個遍一切處的「在」。

練習12

透過覺性看你的本來面目

- 從覺醒的眼光來看這具身體，你的肉身和你的宇宙身（亦即宇宙本身）都是佛身，亦即那根本的「在」的身體。
- 容許你內在的世界。沒有什麼好畏懼的。它始終都在。你是這世界親密地體驗它自己的方式。

- 將覺性安住在心的寂靜中。讓所有的感官完全敞開，並用它們來仔細聆聽，如此一來，你的整個身體就成為無盡藏的眼睛和耳朵。想像你的整個身體就是無盡的「在」（生命本身）在觀看、聆聽、品嘗、觸摸、感受那顯現為形相的它自己。

- 在心的寂靜與開放中安住，並且去感覺你就是生命的意識本身。去感覺你就是那越來越意識到它自己的生命。換句話說，生命透過你的眼睛看見它自己；生命透過你的耳朵聽見它自己；生命透過你的感官感受到它自己。而透過覺性（你的本來面目），生命越來越意識到它自己。安住於「在」的慷慨中——這具與佛無別的身體。

第 13 課

在靈心中安住

那封閉並且想要再次敞開的凡夫心，是包容在靈心之內的。靈心如天空般沒有邊際，也像我們呼吸的空氣一樣始終存在。它既不封閉，也無敞開；它與覺性一樣始終存在，也像天空般浩瀚無垠。若不去注意靈心的存在，你就會越來越意識不到它，並且可能會想像它不存在或已經封閉起來了。然而當你虔誠地將自己的注意力奉獻給它，你就會在你之內越來越意識到它的存在。你會開始找到那從來不曾失去之物，而你那恐懼的凡夫心也會對無比慈悲的靈心敞開。這個靈心感覺像是宇宙的慈愛，有一千隻眼睛在照見著，有一千隻手臂在護持著。它親密到它即是你，但同時又超越於你之外。

那直觀地感知到潛藏存在之一體性的，就是靈心。它的特徵不是僅止於一種「在」的親密感，相反的，它主要是一種感知的器官。這種直觀的能力在我們大多數人之中是處於休眠狀態的，但它一直都在。不過，只要我們仍執著於我們所想像的彼我分裂，以及隨之而來那些甩不掉的情緒，這個直觀的能力就會處於休眠狀態，而我們與一切眾生的殊勝連結也會變得模糊不清。

凡夫心是變化無常的：它敞開，然後又封閉了；它愛，接著又變成恨；它接受，然後又拒絕；它信任，接著又擔心害怕。如果凡夫心沒有根植在廣大的靈心上，它就會像是失去母親的孩子一樣。事實上，凡夫心從未與靈心分離過；它只不過是因爲執著於自己的那些情緒，所以才意識不到它與遍一切處的「在」的心之緊密連結。在這項練習中，我們要轉向靈心、轉向「在」的心。當你在靈心中安住，並且毫無分裂地感受到上主之愛時，讓你的凡夫心臣服於它。

練習13

讓凡夫心臣服於慈悲的靈心

- 藉由聆聽及感受覺性的寂靜與臨在，安住於心的靜止不動。讓覺性從身體的頭部往下移到心的位置，然後安住在心輪中。
- 當注意力又跑到頭部和念頭時，就利用吐氣將注意力輕輕地移回到心的位置。當你把覺性安住於心輪時，去感覺一下它是怎樣呈現一種隱微的生命感、一種發光的臨在。別期待這個臨在會像激動的情緒般強烈，相反的，你要把注意力放在心中那隱微的臨在光輝上。

- 注意你的凡夫心（包括它的痛苦和快樂）是包容在靈心（覺性之心）之內的。覺性所在之處，你也會找到覺性之心（靈心）。
- 在讓靈心的力量和寬恕進入你整個「在」的同時，也讓凡夫心（我們那些起伏不定的情緒）充滿靈心慈愛的臨在。靈心是無不寬恕與救贖一切的。換句話說，它會將你的

「在」重新引導及恢復到完整與圓滿。

- 在靈心中安住。

- 經常重複這項簡單的練習，將使你覺察到靈心的存在。你的凡夫心會進入靈心（那遍一切處的愛、寬恕和慈悲的心），而你也會開始透過那遍一切處的「在」的眼睛來觀看。不論你看見、聽見、品嘗或感受到的是什麼，你都只會體驗到靈性、自性或上主。而你自己的靈心也會成為一切眾生的救贖。

第14課

靈心包含並超越了「在」與變化的矛盾

每一個人都是「在」與變化的矛盾之體現。從覺醒的「在」的眼光來看，一切唯有完整與圓滿，所有的人事物都是「在」之圓滿性的一種表達。要覺醒於你本有的自在與圓滿，並不需要改變任何東西。你和存在的一切人事物，從本以來就是那偉大的實相，從本以來就是佛。這是覺醒的絕對見地。

雖然從覺醒的絕對觀點來看，我們從本以來就是圓滿的，但我們也一直不斷地在變化——在人類的維度上成長和進化。我們從本以來就是佛，但我們也是平凡、會犯錯的有情眾生。從靈心的立場來說，我們一直都「在」，同時也不斷地在變化。我們從靈心來看就會明白這一點，而不會有任何的衝突、偏見和觀點的執著。我們是那遍一切處者（the universal One），同時也是凡夫。唯有靈心能沒有衝突或偏見地了解及體驗到這一點。

練習14

與心保持有意識的連結

- 在心的寂靜臨在中安住。注意覺性在心的層面是既親密又溫柔、既廣大又伴隨著臨在的光明。安住在心輪的空間一段時間。

- 注意心與受制約的頭腦不一樣，它既不會偏向超越的完整性或相對的變化，也不會偏向那無相又自在的覺性或轉瞬即逝的無常世界。因為心接納一切，並且它即是一切。

- 這一天儘量以靈心的這種連結、具體化、親密又充滿愛的狀態來行動，並用你的言語、行動和回應刻意與心保持連結。也就是說，你在進行日常活動的同時，要在心輪保持某種覺察。
- 在你與心保持有意識的連結（它包容並超越「在」與變化的矛盾）時，注意你的言語、行動和回應的微妙變化。

【第三部】

覺醒的本基

覺醒於神聖的本基

第三部分的練習，我將重點放在喚起神聖的本基。首先，我概括一下前面的兩個重點：

一、覺醒的覺性指的是，從我們那透過思想、記憶和自我意象的稜鏡所體驗的虛假身分中醒來。

二、覺醒的心指的是，從我們情感上的自我感中醒來，而這種自我感是由過去的經驗和現在彼我分裂的執著所界定的。

覺醒的本基指的是，覺醒於我們的「在」的體驗之終極根本和源頭。

嚴格地說，本基包含覺醒的心所體驗的「在」之一體性，但它同時也超越了這個一體性。我們必須永遠記住，儘管直捷之道的教導將覺觀的三個面向分爲不同的洞見範疇，但完整的覺觀只有單一的見地。這三個見地只是開悟知見（enlightened perception）的見地中，某一面向或劃分出去的見地。

我們在本基中究竟是什麼，這是無法描述的，因此我只能間接地加以提示。不管我們如何稱呼我們完整的眞實本質，只要能覺醒於它，就能找到「我是誰？」這個問題的最終答案。從覺醒的觀點來看，只有這個覺觀是我們本來面目的最終解答。這就是爲什麼直捷之道幾乎都把焦點放在喚起覺觀的原因。若是沒有覺觀，所有關於我們眞實本質的概念性了解，其實與精緻的幻覺並沒有太大區別。倘若我們記住這一點，也許我在直捷之道中提供的那些概念性提示將能保持透明而透露出實相。事實上，這些提示本來就是要在你裡頭喚起實相的。

本基是一切存在的本源和原貌（suchness）。你可以把它想成是尚未顯化的無限潛能。由於本基是存在的本源，因此它完全超越了存在，同時也是一切萬有那始終都在的原貌，包括你在讀這段文字的當下。這神聖的本基是先於同時又屬於「在」和「不在」、有人和無人、盈滿和空虛、了解和無知；它就像是永恆的永久凝視。它是那麼的親近，因爲它永遠是一切體驗和感知的根本基礎；但想抓住它，它又似乎是那麼地遙遠。一旦進入它那滲透於一切的神奇之中，只消一瞬間的了解，它就顯露出它的全貌。

這神聖的本基不僅難以描述，同時也是最難喚起的。即使只是想對它驚鴻一瞥，也必須移除小我結構的根基才行，而不僅是超越或避開它們而已。這往往會引發來自小我結構的恐懼和根深柢固的抗拒。基本上，這是害怕失去我們想像的小我及其想像的控制感的恐懼。但對小我而言，這個恐懼是絕對真實而非想像的。基於這個原因和其他因素，接下來幾個系列的練習，我們的重點將放在覺察本基那些稍微較不具威脅性的面向。我之所以說稍微較不具威脅性，是因爲所有本基的眞實和實際（我找不到更好的詞彙了）的體驗，都必須在某種程度上將小我的結構從人的體驗核心移除作爲代價。佛教禪宗將這小我的移除，稱爲「大死一番」。因爲從意識的核心移除小我時，往往感覺就像是眞正的死亡，儘管那其實只是小我感覺自己逐漸從人的意識核心中消失。隨著大死一番而來的，是一種眞實、強烈的重生感覺，而開悟之見的產生也在我們的「在」的體驗中不斷地成爲核心。

由於這小我的死亡體驗有時候會非常逼眞，因此做直捷之道的練習時，我會避免建議那些直接移除小我最深的根基的練習。這種練習最好是在有經驗的靈性導師指導下，在有護持的閉關環境中進行。不過，這種經驗也可能隨時在個人的靈性生活中自然發生。萬一這發生在你身上，我的最佳建議是：記住這沒什麼大不了的，盡可能地放輕鬆，不要有任何的強迫或抗拒。此外，也不要迷失在想像的夢幻中。要記得，小我並非你眞實的本來面目；它不過是一種個人的心理結構。當初佛陀面臨這種小我的死亡時，祂用手碰觸著大地，彷彿是在說：「我有大地支持，我信任它的堅牢穩固。」

第15課

建立呼吸的錨

在開始喚醒神聖的本基之前，我們要先建立呼吸的錨。在深入我們的「在」的最深維度時，建立某種可以穩固我們體驗的東西是很重要的。在本基中，我們以一種深入的方式遇見我們的「在」的奧祕。在我們最深的根本基礎中，沒有什麼東西好保留或執著的。因此，我們的想像往往會把它自己投射於「在」的最深奧祕之中。

我們爲注意力提供了錨，以免它迷失在無意識的心智那隱微又時而感覺眞實的投射中。進入我們的本基，就像是帶著完全的意識進入深層而無夢的睡眠。但我的意思不是鼓勵你去睡覺。事實上，這個練習和接下來的六個練習，你將會對「在」的某個維度開放，而它就像深層睡眠一樣地寂靜不動。但只要知道在哪裡尋找它，那麼在你清醒的每一刻它都是在的。

由於這體驗與深層睡眠是如此地相似，所以爲你的注意力準備一個錨是非常重要的。這個錨就是下腹的呼吸。雖然說本基是超越位置的，但我們的下腹是本基、以及我們的奧祕和未知性的最深體驗那生動共鳴的存取點。我把它的顏色想成是黑色的，但不是像夜空那種空無的黑，而是那無法理解的奧祕和純粹的潛能的黑。它同時也是「無我」和那超越任何生命體驗的「在」之究竟本源的黑。

練習15

與呼吸同在

• 閉上眼睛。不要想抓取或理解什麼，安住在閉上眼睛時，內在所看到的黑暗中。將你的注意力輕鬆地轉移到下腹部。當你的呼吸安定在下腹時，你可能會想要停留在這種狀態幾分鐘。

• 感受你內在的「在」的寂靜和靜止。懷著衷心的虔敬和專注，安住在臣服於你那深不可測的本基感覺中，而這個維度是超越一切所知的。它就像是在你覺察到這不為人知的「在」的內在寂靜時，慢慢地放下一切而進入到內在寂靜的幽微奧祕中。

• 這幽微又幾乎沒有能見度的內在寂靜，是接觸永恆的幽微虛空的開始。將你的呼吸安住在那超越一切所知的虛空本源中。如果心走神了，就慢慢地將注意力拉回到下腹部的呼吸上，並再次感受「在」的幽微奧祕。

- 呼吸永遠是跟你在一起的。因此每當你迷失了，或需要具體的穩定性參照物，就可以回到你的呼吸上。隨著你越加深入，你的呼吸也會變得越來越細。它甚至可能變得像是輕聲的耳語，或最微弱的輕風一樣。不過，你不必擔心它，因為身體會根據需要來調整呼吸的速度。
- 看你能在多大的程度上完全放下。讓心放輕鬆，不要有任何的壓力或緊張。同樣的，如果你想就此喊停，也可以隨時停下來，直到你做好繼續進行的準備。

- 當你覺得自己準備好了，就睜開眼睛，但是要從這深層的內在寂靜往外看。慢慢來，不要急。讓你的感官重新適應這個聲色的世界。或許你會感覺時間消失了，彷彿永恆正透過你的眼睛往外看。
- 試著在當天的生活中保持這種無時間感的背景覺察。我建議你在這一天當中重複這個練習二、三次。如果可以的話，睡前再做一次練習。

第16課

對本基開放

單獨、寂靜和靜止的體驗是本基的首要經驗提示。單獨與寂寞是不一樣的；它是超越自我的獨處。這個單獨是通往我們最深的本基之途徑。我們只能一絲不掛地向內接近它。

如同喬瑟夫・坎伯（Joseph Campbell）在《幸福的途徑：神話和個人轉變》（*Pathways to Bliss: Mythology and Personal Transformation*）中，對於圓桌武士追求聖杯的傳說的詮釋：「每一位騎士都進入那座森林……在他自己選擇的時間點。那裡極爲幽暗又沒有路……有路的地方，都是別人的路。每個人都是獨一無二的非凡存在，你要找出自己通往幸福的道路。」這是我們遇見內在那不爲人知之物而達到涅槃或覺醒的一種表達方式。當我們對本基敞開，我們會放下自己所熟悉的一切，而沿著內在的寂靜來摸索自己的道路。

練習16

感受內在的單獨和寂靜

- 將注意力安住在下腹，同時對你的內在和周圍安靜不動的神祕感保持敞開。在那沒有言語和影像的寂靜幽微空間，放下所有自我的執著，並成為那與你的「在」的幽微奧祕接觸的覺性之空（the nothingness of awareness）。
- 感受你內在的「在」的單獨。這可能會喚起你的寂寞或被遺棄的記憶，但是別忘了，這些記憶都是屬於心理上的我，它們不應該與本基的內在單獨混為一談。不要因為舊有的記憶或頭腦的投射而分心，相反的，你要持續把焦點放在內在的寂靜和覺性的廣大空間上。

- 萬一你感到害怕，請記住：腳下的大地是你的支撐，頭上的天空是你的見證，腹部的呼吸是你的錨。不要理睬任何可能出現的念頭、想法或影像。這些東西可以在其他時間或其他背景下予以檢視。信任大地、天空和呼吸這三種支持，並保持平靜。

• 注意在你的「在」的甚深寂靜中，你能捨棄一切舊有的身分、一切的掙扎、一切的奮鬥和一切的抗拒。如此一來，你將進入「在」的維度。在這個維度中，你會空掉所有自我的執著和自我定義；你會成為空，而不再有心理上的我；你會是純真又率性的存在，將一切的「所知」都拋諸腦後。

• 作為這無所知又純真的臨在而安住，直到你打算結束練習。在這一天的生活中，回想一下這個純真的臨在，並給自己一些時間往內回顧你那無言又寂靜的「在」。

第17課

心靈的清貧與永恆的凝視

一旦我們對本基的寂靜敞開，我們就會聚焦於放下一切自我描述，甚至包括那些能反映過去的洞見或覺醒的自我描述。在本基中，所有的自我描述都必須拋諸腦後，否則我們將無法完全進入它。我們必須盡可能地在心靈上保持一絲不掛，並空掉自我的導向。

耶穌曾經教導說：「虛心的人有福了，因爲天國是他們的。」虛心（心靈的清貧）就是空掉想法、意象，以及觀點的主張和否定。它即是進入我們空無、隱蔽、幽微的核心，這個核心與神祕又不爲人知的「在」之維度有著直接的接觸。我們可以不帶先前的經驗或過去的所知來進入這個本基。這對最深的覺醒來說極爲重要，因爲我們執取的任何東西都將對我們造成阻礙。

練習 17

放下一切自我描述

- 呼吸時，讓你的呼吸安定在下腹部。注意並感受那在你的核心早已存在的寂靜臨在。深深地安住於這個寂靜中。

- 懷著衷心的虔敬和專注（但不要有那些告訴你「你是誰」的念頭、意象或想法），安住在這本然存在的寂靜又幽微的虛空（「在」的奧祕）中。

- 讓這寂靜又不為人知的臨在透過你的眼睛觀看，並注意當下這一刻在凝視著時空世界之永恆的那種無時間性的感受。

• 轉向內在，並且注意根本沒有「我」——沒有一個在看的人。「在」的那個寂靜又神祕的臨在——那顯而易見的展現——向外看著這個世界。注意：這個本基沒有名字、沒有目標、無得亦無失。它是看著這時空世界的永恆凝視。

第 18 課

超越言詮之境

直捷之道的練習並不是一種技巧，而是讓覺性進入「在」的奧祕的引導。要進入我們那無法想像的「在」的耀眼之幽微中，需要一種愛的直覺跳躍。沒錯，就是愛。因爲是愛——對眞理的愛、對上主的愛、對人類的愛——迫使我們跳進那超越言詮的無所知的深淵。而我們之所以跳進這個深淵，是因爲我們關心。我們關心自己的幸福；我們關心自己對地球的影響力；我們關心這世界無數受苦的眾生；我們關心自己內在的實相。我們關心到想要從分裂和恐懼的夢境中醒來，因此即使我們不完美並且會犯錯，但我們仍可以成爲這世界的光。唯有愛，才能讓我們放下自己。我們放下，是因爲我們愛；是因爲我們發現，我們關心到想要放下我們所想像的自己。

放下的意思是，讓一切如其所是。這意謂著，讓一切獨處一段時間。當我們讓一切如其所是，我們就不會再與自己抗爭或內心交戰；我們就不會再苦苦掙扎著想要成爲什麼或達成什麼。放下意謂著，即使在面對恐懼時，我們依然選擇愛；我們仍然選擇放下，讓一切如其所是。我們選擇不去干涉當下所經歷的一切。我們懷著滿滿的愛放下一切，進入我們內在那寂靜又不爲人知的深處；進入永恆的廣大虛空；進入那超越言詮之境，亦即我們的本質。

練習18

讓一切如其所是

- 即使處於念頭和想法之中，也要停下來去注意你內在那寂靜不動的臨在所本具的無念、無我、無想、無所知的狀態。

• 注意這個寂靜又無形的臨在，並安住於內在這神祕的虛空本源。

• 安住於你的「在」那超越一切所知的空無寂靜中，以作為一種愛的奉獻。注意：在永恆的現在中，沒有過去和未來；一切都容納在那無時間性的現在時刻（now-moment）中。

• 成為寂靜又空無的人；沒有什麼好怕的。當你融入純粹潛能的虛空本源時，讓頭腦放下它的所知，讓心放下它的執著。

• 當你安住於超越言詮之境（那燦爛又無時間性的永恆凝視），注意你那不可思議的本質——你的空無、你寂靜的臨在。在「在」的這種深度中，你是純粹又無形的潛能、無盡的虛空和一切現象的本源。

• 安住在這難以確切描述的本基（天下所有萬物的「在」）。因為事實上，「在」的虛空本源徹頭徹尾即是一切現象的存在；雖異而同，雖同而異。

• 讓你的眼睛看見那無法被看見的，讓你的「在」知道那無法被知道的。這就是超越言詮之境的開悟生活那不可知的知。

第 19 課

失去自我而找到自己

觀照的洞見，其矛盾之處就在於，我們是透過空掉自己舊有的身分而綻放出新的身分。然而，這個「空掉」並不是我們做的；我們僅僅是讓它發生而已。我們並不是透過以自我爲中心的努力和意志來迫使它發生，而是透過心鬆開了執著的微細捆綁的回應。

很矛盾地，透過失去自我（一個不具獨立眞實性的自我），我們發現了新的身分。這個新身分不是我們可以輕易地描述、獲得、甚至想像的；

它同時是個人、非個人、以及遍一切處的。事實上，眞正的「我」與眞正的「你」和眞正的一切，是無二無別的。因爲失去自我，所以你找到了本基。在本基之境，你是你自己的「在」和一切萬有的「在」之無生又無形的本源。在本基之境，你是那無法被命名又空無的潛能；而當你的自我消失而發出全然的臨在光芒時，這股潛能流過存在的核心。

練習19

在無我狀態找到自己

- 靜止不動，讓你內在的寧靜透過你的眼睛觀看，透過你的耳朵聆聽，透過你的感官感受。
- 不論你領悟或沒領悟到什麼，都立刻懷著衷心的虔敬放下一切，包括那有一個禪修者、行動家、領悟者或控制者的感覺。讓它們全都輕鬆地脫落，就像鬆手放掉一顆球一樣。

• 安住於這個由無我、無過去、無未來所構成的超越一切概念化的本然存在狀態。安住在永恆（無時間性的現在）那始終存在的無我狀態。當你認識自己而處於這不可思議的解脫狀態和平安之中，你就已經透過失去自我而找到了自己。

第20課

重拾純真

這深奧、不可思議、無形的本基，是透過無所成就（non-attainment）、透過放下和讓一切如其所是而得到的。我們並沒有多出什麼東西，相反的，我們只是覺醒於我們那本然存在的根本基礎和本源。這個本源並沒有與一切事物分開過，但它卻完全被忽略了。當我們接上這個本基，我們將發現自己原本的純眞。在這份純眞中，每一刻感覺都像是新的創造，都像是從未出現過的東西一樣。

我們的本基是無時間性的狀態，在它的維度裡，頭腦的內容時時刻刻都在被清空和更新。因此，這樣的頭腦是處於當下不受過去的過濾和詮釋的純眞狀態。儘管必要的話，頭腦還是可以運用龐大的人類知識，但它已不再成爲阻隔你與眞實現狀的一道牆。

因此，從本基來說，每一刻的體驗都是直接的，而不會受到過去制約的扭曲，並且是沒有時間感的。由於本基是只有永恆的現在的無時間狀態，因此，它是透過永恆的眼睛來觀看、透過不斷更新的感官來感受。換句話說，每一刻都是伴隨著純眞與驚奇的新生時刻。

練習20

「不在場」的臨在

- 感受那先於頭腦（但遍布於其周圍）的下腹部寂靜。注意那個寂靜即是「不在場」（absence）的臨在。儘管可能有念頭，但那大寂靜本身即是念頭的不在場；儘管可能有感覺和感知，但那大寂靜本身即是感覺和感知的不在場；儘管可能有聲音，但那大寂靜本身即是聲音的不在場。
- 注意這個不在場、這個空無，是充滿了臨在、充滿了神奇與莊嚴。讓自己直觀地去感受這個不在場那活生生的臨在。別害怕，因為這個偉大的不在場本身即是無盡的潛能。它是一切萬有的真實本源。

- 安住在這無所知的偉大子宮裡，直到這個無所知在你裡頭打開它的眼睛，並且與你無二無別。

- 注意在你的本基中，你是這個不在場（自我的不在場、他人的不在場、時間的不在場、悲傷的不在場、焦慮的不在場）那光芒四射的臨在。

- 注意這個偉大的不在場也是「在」的全部臨在和永恆的自在。
- 注意當你往內看時，你會發現，你是超越有與無的。你是頭腦永遠無法描述或想像的東西。而這本身即是大解脫，即是回歸和重拾純真。安住於這個輕鬆自在。

第 21 課

從無到一切萬物及更多

神聖的本基是一個人的「在」的本源自性。它是超越一切，以及套句十四世紀基督神學家和神祕主義者艾克哈特大師（Meister Eckhart）所說的，是「無所知的知」（unknowing knowledge）。神聖的本基在三個意義上不爲人所知：首先，它是本體，超越了所有感官的感知。再者，它是我們的根本自性，沒有離開它的變化可言，因此，它永遠不會成爲我們感知的對象。第三，神聖的本基是在我們返觀自身的意識生起之前。

神聖的本基身為一切萬有的本源，它只能按照常規地將自己認識為一切現象的全部生起。神聖的本基與現象界的關係是，現象界是它那充滿創造力的根本基礎之無盡展現。知道神聖的本基即是我們的根本自性，就是明白一切現象與我們有著相同的根本自性；我們都是無限神聖本基的展現。

然而，這並不是在否定我們的人性，也不是否定一切生命的多樣性和獨特性，而是在表達存在的潛在一體性。這個一體性將自己展現為生命和事物的繁盛和多樣性。隨著自我意識的逐漸明朗化，我們變得越來越迷戀及認同我們的獨特性和假我（小我），從而越來越看不見我們的神聖本基、我們與一切存在共有的根本自性。

「無所知的知」指的是，一旦覺醒於它，我們就會感知及體驗到我們共有的眞實本質，那是一種與一切眾生無比親密的感覺。此外，「無所知的知」也是指，神聖的本基不是知道自己是全部的現象界或覺性本身，而是從根本上知道自己是純然無法想像的潛能；關於這個潛能，除了說「它知道」（it is aware）之外，什麼也無法說、什麼也無法想像。認識這個無所知的知，就是超越本體但又在本體內認識自己、超越現象但又用現象來認識自己。認識並活出這「跨越無和一切萬物及更多」的無所知的知，除了說這是活在極大的神奇和莊嚴中之外，我們根本無法再加以描述。

練習21

覺醒於神聖的本基

• 注意在你的「在」的直接主觀體驗中，並沒有一個人或東西在透過你的眼睛看，而只有一個無物（no-thingness）的覺醒空間在看。此乃空性之眼。

• 當你閉上眼睛並注視著內在的黑暗時，注意那裡空無一物，並沒有一個在看的人，而單單只有那個「看」（又敞開又空的覺性）在。別害怕，因為你遇見的是你的真實本質。

• 如果你現在是安靜又靜止的，那麼當你深入地聆聽時，你會發覺一種內在的神祕感，彷彿有某種不為人所知、未經探索的偉大空間在你體驗的寂靜深處中生起。這不為人所知的維度，感覺就像廣大無盡的虛空，那是人無法了解的領域。不管你盡多大的努力都無法了解它；它沒有任何討價還價的空間。你的一切所知都必須放下。為了讓它接受你，你必須空掉你的努力、意志和自我，一如你尚未出生之前的狀態。因為唯有一顆一絲不掛又純淨的心，才能與這赤裸又無形的本基相應；它是眾神和有情眾生的出生之地。

• 別害怕，因為這個本基就是你最深的「在」。它是永恆的眼睛和耳朵，也是你的「在」那不可知又不可理解的根本基礎。

• 當所有的自我追尋和自私都脫落了，無盡藏會再次重生，並在你裡頭張開它的眼睛。一開始，它就像夜空的閃電一樣，只有短暫的片刻；後來它會延續數個小時、數天或數週；最後，神聖的本基會在你的日常生活中隨時保持醒覺。

- 記住，你要從實相來看，而不是看著實相。

- 從實相來看時，神聖的本基會視生命為一個連續的整體；它會視生命為無限潛能（時空的誕生者）那不可想像的創造及破壞的豐盛展現。從無到一切萬物及更多，整個宇宙不過是這潛能的一道小閃光，而你就是那正在認識自己的潛能。事實上，它極其簡單，但又極為驚人。

【第四部】

覺醒的生活

將洞見融入日常生活

在最後這一系列練習，我要探討看透相對性與「在」的矛盾。看透相對性指的是一種能力，亦即能看見及體會到由互相關聯的偶發事件所構成的相對世界，其實是神聖的本原（Divine principal）之展現，而這神聖的本原就是我所說的「在」。看透相對性也包容了「在」的矛盾，它指的是看見絕對和相對觀點的客觀關聯。

從絕對的觀點來看，我們的真實本質從本以來就是圓滿、完整又純淨的。然而，從相對的凡人觀點來看，我們一直都在變化及發展。看透相對性對於絕對或相對的觀點都無偏見或偏好，因爲它們只是描述開悟知見的唯一見地的兩種方式。它們也沒有哪一個比較重要的問題，就如同你的左腳並沒有比你的右腳重要一樣。當然，如果你喜歡的話，你也可以單腳跳著走。問題是，你爲什麼不用正常的兩條腿走路呢？

看透相對性必然會明白，靈性的洞見本來就與我們的人生相關，並且必須能夠體現在日常生活的言行之中。如果我們把靈性的覺醒想像成是自己擁有的超級體驗，然後懷著靈性的成就感來過日子，那麼我們就又落入靈性上的唯物和以自我爲中心的身分。這種司空見慣的態度，其實是活出眞正覺醒的人生的一大阻礙。

儘管眞正的深度靈性覺醒，標示著那得不到滿足的追求者終於可以休息了，但它同時也是我們將洞見體現在我們的人生、以及我們與一切生命的關係的開始。其差別只在於，從覺醒的觀點來看，這件事的完成不會有任何的焦慮或不圓滿的感覺；反之，它是我們能力的無限展現，將無盡藏體現在人生當中。由於這個過程是無止盡的，因此它就如同禪宗所說：「沒有對於不完美的焦慮。」❷我再補充一句，它沒有以自我爲中心的成就或最終目標的導向。在我們絕對的本基中，我們從本以來就是圓滿的佛，並且以人的展現持續地在成佛。

在接下來的幾章中，我將探討如何體現你最深的洞見、人生的體悟或你珍視的價值。做這些直指的練習時，要記住，這當中並沒有要達成的目標，也沒有要跨越的靈性終點線。我們只是爲了利益一切眾生，而竭盡全力將那件隨著靈性的洞見和體驗而來的圓滿、智慧和慈愛體現出來。我想像不出有什麼人生方向會比這更有意義了。

譯註：

❷出自三祖僧璨《信心銘》：「何處不畢。」

別忘了，覺觀的三個面向是：

- 覺醒的覺性
- 覺醒的心
- 覺醒的本基

它們是開悟知見之唯一見地的三個方面。這唯一的見地是如此廣大又包容一切，因此它對於任何固定的觀點並不會有偏見。但是爲了讓智慧在某種生活狀況下運作，它可以體現任何必要的觀點。

儘管本基可能完全超越了意義和目的，但本基的個體展現卻會透過意義的稜鏡而被賦予方向及導向世間。藉由揭開本基透過個體運作的方式，我們發現某種程度的靈性自主權。這個靈性自主權允許並挑戰我們將洞見整合到日常生活中，或者如禪宗所說的：「打坐去。」

第 22 課

為你與你的體驗的相處方式負責

讓我們實踐「打坐去」的意義。事實上，接下來的許多直指練習都觸及到這一點。「打坐去」的開始，是爲你與你的體驗的相處方式負起責任。我之所以不說「爲你的體驗負起責任」，是因爲你的體驗幾乎都是發生在你身上，而不是你創造了體驗。我們選擇去做的事以及我們爲其負責的事，影響了我們如何回應那個體驗。而這當中就有我們的自由。

我們無法決定下一個體驗，甚至無法決定下一個念頭是什麼，但我們可以去覺察我們是如何與任何發生的體驗相處。所以重要的是，不要把爲自己的感受負責與責怪自己混爲一談，也不要將自己的感受歸咎於他人。相反的，負責任的意思是不再將自己的感受歸咎於他人，包括不再責怪自己；並且注意到，你某一刻的感受，其實很大一部分是由你與那一刻的相處方式、以及你與那一刻的體驗的相處方式來決定的。對大多數人來說，這是革命性的生活方式。但如果你想在每一刻都體驗到自由和連結，那麼這是唯一的生活方式。

直捷之道在此處的練習是，首先，要有覺知。你要覺察你當下的任何體驗；你要覺察你對於周圍環境、狀況、挑戰、對話、以及你與自己的想法相處方式的感受。注意，從某個意義上來說，幾乎你所有的體驗都是發生在你身上——它們就這麼出現了。就像大多數的念頭一樣：它們就這麼出現了。你還沒決定考慮要不要有念頭，念頭就這麼出現了，感受就這麼生起了。

我的意思不是說，你應該爲生起的東西負責任。我們要了解的是，爲你與你的體驗的相處方式負責的意思是什麼。最重要的是，不要把你當前的體驗歸咎於自己或他人。這是極大的心靈改造。當你開始注視你的體驗，你會知道，是你與你的體驗（例如別人對你說了什麼，或這一天的某個狀況）的相處方式，在很大程度上決定了你的下一個體驗。換句話說，你與當前的體驗的相處方式，將決定下一刻會如何開展。這是一種移除或收回投射的方式，如此一來，我們就不會要別人或這個人生爲我們的感受負責；相反的，我們會注意到，是我們與任何一刻的相處方式，決定了我們將如何感受那一刻。

練習22

覺察你與當下體驗的關係

- 今天，專心留意你與某個體驗的相處方式（甚至是你與你的頭腦的相處方式）如何決定了你的生命品質。

- 注意你與你的體驗的相處方式其可變性有多大。你可以因為頭腦轉個不停而感到惱火，但你也可以承認：「好吧，我的頭腦現在轉個不停。我得阻止它嗎？我得評判自己嗎？我得評判我的頭腦嗎？如果我不評判自己，那會怎樣？如果我不評判我的頭腦，那會怎樣？如果我不阻止我的頭腦，那會怎樣？」注意這如何改變了你的體驗。
- 如果今天你感到有點恐懼或焦慮，你也可以採用同樣的方法。不要把注意力的焦點放在恐懼或焦慮上，而是去留意你與它的相處方式，並注意這個相處方式如何決定下一刻的品質。

- 我在這項練習中要指出的是，去選擇接下來我們要專注於什麼：放下對自己及對他人的負面評判；放下你的感受是咎由自取或別人造成的想法。即使有人批評你，你也要注意：是你對那個批評的處置方式，以及你與那個批評處於什麼樣的關係，決定了你的下一個體驗。

- 看你是否能停止評判；放下想要控制自己的體驗的嘗試，而讓體驗自行展現。你甚至可以問自己：「怎樣才能與這個體驗有更良好的關係？我要如何以更溫和、更有意識、更親切的方式來與這一刻相處？」然後看看有什麼效果。

- 如果你一整天都做這項練習，到了這一天結束，你可能會發現自己的體驗已經不一樣了。這種改變通常都很出人意料，是你想像不到的。如果你負起責任，並採取行動說：「好吧，我與這一刻的關係是什麼？」而且知道它是可以改變的，那麼你就明白你可以與生命有不一樣的相處方式。

當你選擇讓這個關係變得更加良好、寬廣和慈悲，你的體驗就改變了。這項練習可能會非常有力量，並且驚人地敞開人心。

第23課

根植於臨在

前面爲你與當下體驗的相處方式負起情感上的責任的練習（尤其對你來說這是首次接觸的話），是需要能量和聚焦的。當它開始除去某些妨礙覺醒的臨在和覺醒意識的障礙時，它也會產生非常大的力量。你可以把它想成是打通了情感、理智和能量的通道，透過這些通道，一個更有意識的狀態可以進入你、穿透你並由你具體展現出來。

現在，我要給你一個聽起來很簡單的東西。它是簡單的，但同時也是力量強大的。在這項練習中，我們將回到那看似有一點缺乏挑戰性的東西，但它的力量卻不打折扣：根植於臨在的體驗。注意那本然存在的覺醒狀態，其中一部分即是臨在的體驗，亦即那隱微的「在」的感受。

我們都擁有你可以稱之爲能量體的東西。而且我們越是處於當下，我們就越會感受到這個隱微的生命感。如果你現在眞的非常處於當下——我指的不是拚命或努力地處於當下，而是打開你所有的感官，輕鬆地進入一個更加敞開的生命狀態——你將會感覺到一種隱微的臨在感。

臨在的練習已經在許多不同的傳統中存在好幾千年了，從基督信仰到伊斯蘭教、從佛教到印度教都有它的蹤跡。練習臨在可以打開你精微體中的能量通道，而覺醒的意識可以透過這些通道來呈現自己、流動和具體化。當我們這樣做時，就是把這個具體化提升到強烈的、動覺（kinesthetic）的層次。我們不是用先前的練習方式來處理我們的頭腦，而是透過臨在的感受直接與精微體互動而深入到精微體之中。

要記得，當你處於這種聆聽和感受的開放狀態，當你安住在這「從本以來一直都在」的覺知狀態時，就會有這種臨在感。所謂的臨在，就是當你的精微體是可用、開放和覺知的時候，你所感覺到的感受。此外，它還會有一種寂靜，因爲臨在具有安靜的特質。把你的能量體調整到臨在的頻牽，可以強而有力地將覺性、意識和「在」帶到更具體化的狀態。

臨在很棒的一點是，你可以隨時與它連結。它是安靜的，但你可以調整自己來感受它。對某些人來說，它一開始是寂靜的感受或感覺。你寂靜了五秒鐘，但那個寂靜不是只有寂靜而已。它會有一種動覺的特質、會有一種感覺，那就是臨在。透過練習，你幾乎可以隨心所欲地調整自己來感受臨在。當然，一開始這需要一點點的意圖。有時候你可能覺得自己無法找到它，因爲你迷失在自己的頭腦中，或者情緒被煽動起來，但你仍然可以在任何時候、任何狀況下調整自己來感受臨在。不論你的感受如何，你都可以打開精微體的能量通道，而透過這個通道，覺醒的覺性和意識以及

「在」的體驗，都能在你的人生中呈現和具體化。

在最後這一系列練習，其中有一個重點是我所謂的「將洞見生活化」，不論那個洞見是什麼。當甚深的洞見出現，它通常也會帶有身體的部分。它往往令你拍案叫絕，此時，你的身體和心靈都在歌唱，就像敲對了鐘一樣。不過，這個洞見最後可能會淪爲抽象的東西。我們可不想讓自己的洞見淡化爲體驗的理智化抽象物；我們希望它在我們裡頭生根、保持活力。這就是爲什麼洞見需要生活化的原因。而生活化的方式就是把洞見具體化，將它根植於臨在。在這項練習中，我是用動覺的生命體驗來將我們的洞見生活化和具體化，以及體現我們所珍視之物。

練習23

將臨在生活化

- 這一整天中（在這一整天的諸多時刻），每當你可以不分心的時候，就調整自己來感受臨在。
- 在精微體中感覺臨在；感覺再感覺……感受再感受。不要試著抓取臨在，也不要試著讓它更多，而只是注意臨在的現前。

• 你越是經常感受臨在、越是多次地向它報到，這種臨在的感受就會越增長。如同生活中的多數事物一樣，你給的注意力越多，它就會變得越來越明顯。

• 這是個簡單的練習（這就是它的美之所在），但它同時也是個令人愉快的練習。臨在的感覺很美好。它落實在你的身體內，也落實在你的人生中。用一點時間享受這個臨在的練習。

第24課

說實話

讓我們從令人愉快的練習，轉換到具有一點挑戰性、但會讓你大開眼界的練習吧！

說到心智體和情緒體，我們並不是不想要思想或情感。思想和情感本身並沒有問題，受困或執著於它們才是問題所在。當你試圖生活化你最深的洞見，並將它體現在你的人生中時，它可能是一段美好的旅程；但它也可能使你面臨我所謂的「頑固分子」，亦即你身上那些不確定自己是否願意進化、改變、成爲更高深的意識狀態之展現的部分。說到體現洞見，這才是靈性的實質問題。這是實際層面的事，也是本章所要談的。

那些關於具體化的教導，在許多方面都是所有靈性教導中最具挑戰性的。但這並不表示它們一定是困難的，因爲它們的困難度與我們的抗拒程度成正比關係。只要我們不抗拒，這個具體化的旅程就會成爲一趟奇遇記。你畢竟是人，你知道你不可能做得完美，因爲覺醒與完美無關，你可不是爲了成爲完美而來的。追求完美是我們必須放下的事，因爲它會使我們在眞相上分心。事實上，它是靈性人格類型的小我執迷，而這種執迷根本談不上開悟，並且會引發更多不必要的混亂。

我們將在這個練習中探索眞相。有時候我會在本書中根據你的「在」的眞相來討論眞相，亦即看清你不是一個念頭、想法或甚至感受，而是這些念頭和想法的「覺性」。現在，我要以人的方式來談眞相——不是從那種絕對、高不可攀的靈性意義來說，而是像說實話般地誠實和眞實。我們想要能夠體現自己的眞相，不論這些眞相是什麼；我們想要體現自己最珍視的那些東西。這就是將眞相生活化的意義。

千萬別誤會了，我的意思並不是說你應該堅持你的眞相，或是認爲那些對你來說似乎是坦率、誠實和眞實的東西，也是別人應該擁有的絕對價值。這並不是眞相。認爲我們的眞相是絕對的，這其實是一種幻覺。然而，做一個誠實、眞實的實語者，是活出覺醒人生很重要的一部分。我們都有某種制約在告訴我們：誠實是不可行的、眞實是不可行的、做眞正的自己是不可行的。但問題是，如果我們不是坦率的、如果我們不是誠實的、如果我們不是眞實的，我們又如何能活出覺醒的人生呢？

我提前告訴你，這是那些困難的小練習之一。因爲它看起來好像沒什麼，但是做起來你就會知道：「哇……這可眞不容易！」事實上，它可能比你想像的更爲困難，但它也可能讓你看見遠比你所能想像的更多東西。

練習24

坦率、誠實的與自己和他人互動

- 永遠說實話。今天就說實話。隨時都要誠實、真實、坦率。當你的注意力導向於此，並將它作為練習，你就會發現一些實際的例子：就在你認為自己是坦率、誠實的時候，你還是會發現自己巧妙地在掩蓋真相、粉飾真相，甚至為了策略上的好處而無意識地在操縱真相，以便獲得你想要的東西、試圖避免批評或意見不合等等。

• 現在，你要弓著身子進入你的恐懼中，那個害怕坦率、誠實、真實的恐懼。

• 今天當你與人交流時，說實話。但這並不意謂著你要冷酷無情地說出真相。說實話有許多不同的表達方式，有不同的語氣，有不同的用詞選擇。要成為誠實和真實的人，也有許多不同的方式。你並不是試圖強迫人家接受你的真相。今天一整天，都要坦率和誠實。

• 要記住，你不僅是坦率地與他人互動，你也必須坦率地對待自己。這可不容易！這是比你所想更大的挑戰。對自己誠實是非常艱鉅的事。它的要求非常多，特別是如果你還不習慣對自己誠實，或是不曾以這種方式看待說實話這件事。

- 你可以對自己說出真相嗎？有時候真相就是，你不知道真相。這就是為什麼我把真相作為誠實和真實的同義詞。如果你不知道什麼是真的，你能誠實地承認嗎？
- 你能對自己坦率嗎？

• 你能對自己真實嗎？真實是什麼意思？我無可奉告。因為它是與你的生活密不可分的問題。但是今天練習一下它吧！

• 當你這樣練習時，要記得：我們正在打開我們的心靈和身體（我們的情緒體和精微體）內的通道。透過這些通道，洞見可以進入我們、體現在我們的人生，然後在時空的世界裡起作用。這才是靈性覺醒；這才是開悟。靈性覺醒和開悟並不是指有什麼了不起的體驗。雖然那些體驗是這過程的一部分，並且可能改變你的人生；然而到了某個時間點，它就會落實為：怎樣才算是將我所了悟的內容生活化？我的了悟的生活化版本是什麼？

• 在這個練習中，了悟與真相、真實、誠實是同義詞。今天說實話，不斷地說實話。要誠實、如實、真實——不僅是對他人，同時也包括對自己，甚至包括自己內心中的對話。你會知道，坦率會揭露出比你想像更多的東西。

第 25 課

積極地以心為導

前面環繞在說實話、誠實和眞實的練習，可以令人大開眼界。這就像拿著鏡子放在你面前一整天，而它往往會揭露出一些東西。只要你喜歡，你可以隨時做這項練習。我建議你盡可能地經常做這個練習。隨著時間的推移，坦率、誠實和眞實將使你人生的每一個面向發生革命性的轉變。是的，你必須跨過許多的障礙，你必須穿越許多層的恐懼、焦慮和懷疑——它們是你努力完成這個練習的一部分。最後，眞相會使我們的體驗、行動和思想變得更好，因爲我們帶著更多的正直和眞實性在過日子。這一路上不會一直都一帆風順，但是坦率的結果其強大的力量是超乎你想像的。

少了愛，眞相可能會變得很嚴苛。因此在說實話的練習之後，我會加上一個更簡單、但其改變的力量毫不遜色的練習。我稱這個練習爲「以心爲導」（leading with the heart）。你可能了悟深奧的眞相，但如果你的心輪尚未覺醒和投入，那麼這個眞相可能會是個雙面刃，而這是我們想要避免的。少了愛的眞相，儘管它是眞實的，也可能會變得刻薄或殘忍。這就是爲什麼我要用溫柔與愛來平衡它的原因。

下次你遇到某人（這個人可能是跟你一起用餐的家庭成員、人行道上的陌生人或職場走廊上的同事）時，試著以心爲導。讓你自己回到身體，感受一下自己在呼吸。在你留意你的感覺、感受當下的一刻時，注意那「從本以來一直都在」的覺性及其運作，並記住我說的話。你可能看過耶穌聖心像，它通常被描繪成耶穌以雙手撥開祂的胸口，中間顯現一顆巨大的紅色心臟。閉上眼睛，想像你正在撥開你的胸口並顯露你的心；讓你的愛與仁慈顯露，而你自己和周遭的人都感受得到這份愛與仁慈。當你這樣做時，你會感受到能量體的微妙改變。它像門一樣地打開，顯露出你的情感可以及於他人（emotional availability），以及你與他人之間的互相連結。

你可能會對此感到猶豫或害怕。每一次你都會碰到不同的情緒，因此讓它們生起，同時也敞開你的心面對它們。敞開你的心面對你的恐懼；敞開你的心面對你的焦慮；敞開你的心面對那堅持你必須不斷地保護你的心的陳舊思維模式。這一點非常重要。因爲處於不斷地保護你的心的狀態，會對你的心造成損害。一直保護我們的靈心，其實對我們並非好事。事實上，我們的心強壯得很，甚至能面對那些最艱鉅的挑戰。

第一次做積極地以心爲導的練習時，我就自然地想到這樣做：每當我與陌生人擦肩而過，我就想像自己伸出雙手，並在心輪打開我的能量體。我很訝異，與一個人擦肩而過（像是一次親密的邂逅）的感覺竟然可以變得如此不同。我震撼極了！你會發現，當你的心是敞開的、你的情感是及於他人的、你是以心為導的，你與他人說話的方式就改變了。你的語氣會改變，你的用字遣詞會改變；即使你不刻意去做，這一切也會自然發生。這是我們在心的層面將覺醒的覺性生活化的另一種方式，也是我們讓它透過我們來具體地流動並回到我們身上的方式——因為當我們是有愛心的，我們也在鼓勵別人有愛心，甚至連一句話都不必說。

練習
25

以心為導來面對你遇到的人事物

• 今天，每當你遇見他人，當你走向那個人時，想像你伸出雙手並打開你的能量體、打開你的心。這只花你幾秒鐘的時間。當你接近某個人，你要有一種感覺和畫面：彷彿你伸出雙手，並打開胸口讓你的心像陽光般發出光芒。

• 當你刻意地以這種方式打開你的能量體（而不僅是單純的

遇見某個人），注意你是如何從心來感受那個人。這有時候感覺很微弱；有時候感覺強而有力；有時候什麼感覺也沒有。無論如何，你都不必在意。你首先要做的是，打開你的能量體，想像聖心顯露出來，然後用你的心去感受你遇見的那個人。

• 當你這樣做時，你會發展出心的直覺；你更可能會以心（而不是頭腦）為導來面對你遇見的每個人。你還是會說一切你想說的，你還是會有一切必要的互動，但你做這些事都是以心為導的。

• 你也可以在與完全陌生的人擦肩而過時做這個練習。

• 你也可以對物體做這個練習。你可以試著對一棵樹、一朵花或甚至一顆球做做看。你可以對任何你遇見的東西做以心為導的練習。

• 今天只做以下的練習：打開能量體，以心為導，當你感覺到你那充滿愛的心及其所有的相遇者時，想像一個你打開心並對外展示它的鮮明畫面。

第 26 課

轉向平安

你可能已經注意到，在這整本書中，我試著將每個教導和練習精煉爲簡單的東西。因爲超過二十年的教學經驗讓我了解到，將靈性的修習濃縮成簡單的東西，其簡單性往往非常有力量。簡單性聚焦能量、注意力和意圖。正是這個聚焦使這些練習變得強而有力。它們乍看之下似乎太簡單了。但現在我希望你明白，這些具體化的練習並非其表面上看起來的那樣簡單；事實上，它們的敞開能力及抵達的深度，遠遠超過其表面上的簡單性。

直捷之道的下一個練習，是我所謂「轉向平安」練習。我希望你今天遇到任何人都做這個覺察的練習。你也可以對你自己內在的種種和個人的經歷做這項練習，但我會建議你不要侷限於此，而是試著對其他人做這個練習。

我們都知道，每個對話都會左彎右拐地變化。通常一個用詞或語氣就能改變你與他人互動的走向。在這項練習中，我要你在任何狀況下都記得轉向平安。別誤會，我不是在要求你避免與人發生衝突。這個練習與避免任何事情無關，也不是要你在這一天爲每一件事情披上靈性、平靜的虛僞外衣；而是要注意到，關係（你與你自己、你的心智、身體、情緒、以及你與他人的關係）在任何時候都像是一條河流。關係往往不會只往一個方向移動。它會迂迴曲折、左彎右拐，時而緊張、時而輕鬆，時而有趣、時而嚴肅，變化不定。

如果你夠敏感並且留意的話，你會注意到對話可能走向衝突的那些轉折點。在那一刻，你可能開始感到不滿，你可能開始感到具攻擊性，你可能開始退回到自身。以自我爲中心的頭腦能用許多方式來策劃一個對話，例如使自己被聽見或讓某人同意你。我們經常看到對話中的兩個人，他們都在等待對方停止說話，好讓他們自己能發表意見。對話有其自然的起伏，但即使如此，我們還是太過於在意我們所想講的下一件事，因而無法深入地聆聽對方。事實上，轉向平安可以簡單得像是：「噢，我要轉向更深入地聆聽、轉向活在當下、轉向眞正了解別人在對我說什麼。」

甚至當對話開始變得有點火熱，或是你稍微或明顯地發現自己想要操縱或控制結果時，就做這項練習。當你覺察到這些時，就在心裡問：「我現在該如何轉向？」你可以轉向平安，也可以轉向以自我爲中心的執迷。今天我要你練習，這一天你與自己、與他人的每一次相遇，都要轉向平安。我無法精確地告訴你該如何做到這一點，畢竟每一個狀況、每一次相遇都不一樣。只要加以留意，你就會發現這些時刻有哪些轉機和選擇。因此盡你最大的力量轉向平安吧！

練習26

轉向平安

• 今天，在你與你自己、你的體驗、以及你在日常生活與他人的互動關係中，注意那些轉機。問你自己：與自己的生命處於更平安的關係，那會是什麼樣子？與他人或他人的感受處於更平安的關係，那會是什麼樣子？

• 這回到了我們在這部分的第一個練習（即練習22，參見第159頁）。轉向平安是該練習的另一個版本。與自己的生命處於更平安的關係，那會是什麼樣子？與他人或他人的感受處於更平安的關係，那會是什麼樣子？一天當中以這種方式思考，將會喚起新的選擇。它會讓你看見，你有更多平安的選擇。

- 與這個體驗、這一刻或這個對話處於更平安的關係，那會是什麼樣子？隨著這個提問，新的道路將會打開。而那些有意識、有覺知、清醒的選擇，以及更深、更高的意識狀態，也可以藉由這些道路來流動。

第 27 課

尋求被了解前先了解他人

我們已經藉由轉向平安打開了解的新道路。在接下來的練習中，我們將要踏上這些道路。這可能會改革你與自己和他人的相處方式，並且充滿了挑戰。這個練習的靈感來自於聖法蘭西斯（Saint Francis）的祈禱文，該禱文建議：「在尋求被了解之前，永遠要先尋求了解他人。」當讀到或聽到這段話時，你可能會想：「尋求了解？這想法聽起來好像不錯。」然而，真正的挑戰是這段話的另一部分，它帶來人的艱困現實：「在尋求被了解之前，永遠要先尋求了解他人。」我們都喜歡被了解。我們往往都在想方設法尋求被了解，但如果你不小心的話，那被了解的美好體驗（它可以是既療癒又肯定他人的），就可能發展成隱微的（有時候是明顯的）強烈要求。就算我們的話語中並沒有強烈的要求或堅持，但我們的互動方式可能就在要求自己先被了解。

我就認識一些人，不論任何互動，他們總是要求被了解。這是他們的日常生活方式；這是他們以自我爲中心的導向。當然，在日常生活中不斷地尋求被了解的人總是會遭受挫折，因爲人們似乎讓他們失望，而這創造了受限的生命體驗。因此，首先要承認你是喜歡被了解的；這並沒有什麼不對，畢竟這是生活的一部分。不過，既然我們要打開讓洞見能夠流動的道路，那麼就要瞄準那些往往會障礙人們的東西。在尋求了解他人之前先尋求自己被了解，就是這種障礙之一。唯有移除它，覺醒的意識才有辦法流動。

了解是一種尚未受到重視的技能，特別是在今日如此快步調的社會，人們根本沒有時間仔細聆聽彼此。事實上，我們說的每一件事都需要被聽見是一種妄想，而我們很容易成爲這個妄想的犧牲品。特別是人們透過社交媒體分享每一件事、發表意見抨擊每一個人來滿足這個自戀的欲望。我的意思不是說你不該分享或不該使用社交媒體；我詬病的是那些經常會強化分享的衝動的心理基礎。

了解你最重要的那個人，就是你自己。因爲沒有任何人能以你了解自己的方式來了解你。有意思的是，當你深深地了解自己時，你也會開始不再要求別人了解你。這種要求的消失是很棒的一件事。因爲你的心和頭腦都打開了，生活也變得更加令人愉快。被了解可以是一種療癒，它是你在這項練習中對於其他人的肯定。而將想要了解他人的欲望擺在第一位，則可以移除我們那不僅喜歡被了解、同時也要求（甚至是強烈的要求）被了解的部分。

練習27

以理解他人為優先

• 抱持著想要了解每個人對你說的話的精神，來進入今天的每一個相遇。那個人可能是雜貨店的店員、你的同事、家人或其他任何人。將想要了解他人的欲望，放在想要自己被了解的欲望之上。

• 盡可能地誠實、清晰和開放，如此一來，你也可以被人了解。但是今天你要在每一次相遇中先尋求了解他人。去了解別人在說什麼、那個人是站在什麼樣的立場、以及那個人是處於什麼樣的心智或生命狀態，來說出那些對他來說是切題又重要的內容。如此一來，你將打開自己內在的能量通道，而透過這個通道，你的了解將可以流動，你的洞見也能夠具體化和生活化。

- 要記得，在你與自己和他人的每一次相遇，在尋求被了解前先尋求了解他人，如此一來，將會有更多的東西顯露出來。

第28課

有勇氣選擇真相與愛，而不是恐懼

直捷之道的下一步是探討勇氣。「勇氣」是你不再經常聽見的一個詞彙，但即使是在現代的世界，勇氣還是相當重要的。因爲生活可能是艱難的——不僅是你周遭的生活，還包括你內在的生活。事實上，勇氣是一種覺醒的特質。

有人請二十世紀偉大的印度聖者馬哈希（Ramana Maharshi）描述開悟者（一位上師或大師）的特質時，他回答說：「在任何地方和環境下，都穩定地安住於自性，以平等之眼看待一切，隨時具足堅定不移的勇氣。」他曾經用許多方式來說明開悟，其中有許多與這個定義不同，因此我特別注意到，他將開悟等同於堅定不移的勇氣。他的意思是，要活出開悟的人生，要活出具體化、覺醒、充滿活力的生活，是需要勇氣的。

事實上，我們會在許多方面從勇氣中退縮。例如，有時候坦率是需要勇氣的；有時候平安是需要勇氣的；有時候愛是需要勇氣的。在第四部分的所有練習中都充滿了勇氣的氛圍，它們都需要勇氣的元素，並且極具挑戰性，因爲它們的目的都是要鬆動某種形式的以自我爲中心的執迷。從把你自己與小我相提並論的迷夢中覺醒，並不代表你的小我就消失了。一輩子的功能失調無法像變魔術一樣，一下子就擺脫掉小我。有些部分可能會，對某些人來說有很多部分可能會，但總是有某些東西是我們必須去處理的。

這個練習既簡單又具針對性，但它同時也是強而有力的。生活化你的洞見、讓你的洞見成爲你處世的具體方式，這些都需要勇氣。要記住，每一次你注意到執迷，每一次你注意到癥結點，每一次你注意到自己執著、過度堅持或打退堂鼓的地方，你都需要勇氣來面對它們。誠實需要勇氣；愛需要勇氣；了解另一個人需要勇氣；選擇愛而不是恐懼需要勇氣；轉向平安也需要勇氣。

練習28

具足堅定不移的勇氣

- 這一整天，注意那些需要勇氣的時刻。如同這部分的所有練習一樣，這也可以應用於當你在處理自己的生命體驗、生活狀況或與他人互動的時刻。這個勇氣是「在」的覺醒之道的一股潛流。
- 問自己：我生命中有哪些地方需要多一點勇氣？我在哪些地方停滯不前，因為我還不願意將勇氣體現出來？

• 注意那些引發勇氣或需要勇氣的地方，不論是你與自己的部分體驗相處的方式、你與其他人相處的方式、或是你處理危機或生活狀況的方式。當你注意到有某個地方需要多一點勇氣來將你的真相或愛體現出來，那麼就走進那個勇氣。

• 我們往往會卡在認為我們必須等到自己的恐懼消失，或我們必須用某種方法來移除自己的恐懼。然而要等到恐懼消失，你永遠也等不到那一天，因為你永遠不知道恐懼或猶豫的時刻何時會生起。當你停止等待並開始行使勇氣，但不是那種漫不經心或遷就的方式，而是有意識地行使勇氣時，會發生什麼事？

- 當你改變自己的導向時，你會碰到問這句話的時候：「現在對我來說，多一點勇氣代表什麼？」這個問題能打開你的通道，而透過這個通道，你的洞見和人生最深的價值就可以流動和體現。注意你可能在哪些地方還抑制著你的勇氣，並檢視你有什麼實際的方法來體現多一點的勇氣。
- 勇敢地清理這些洞見的通道，就是去面對猶豫、懷疑、迷惑和恐懼。通道就是這樣清理完成的。你無法避開它們；
你必須面對它們。進行這種探索以及面對你自己的制約，
都是需要勇氣的。

第29課

透過寬恕讓自己從過去中解脫

直捷之道的前二十八個練習，都是在你從自己的身分建構方式或你所認爲的生命樣貌的帷幕後面看的時候，去誘發洞見（甚至是覺醒）的時刻發生。這是需要勇氣的。因此這一路下來，你都在這些練習中分別行使不同程度的勇氣，而不僅是在最後的練習。

行使勇氣、了解、願心、誠實和說眞話，有不少的要求。但這是將覺醒或開悟具體化及生活化的方法。總結來說，我們必須打開自己內在的通道，看穿自己的執迷，處理自己的懷疑、猶豫、恐懼和迷惑——所有這一切。雖然最後這幾個練習可能看起來不像是深奧的開悟教導，但它們是深入的，因爲它們能幫助我們體現覺醒的狀態。

究竟來說，它可以歸根結柢爲所有人都必須處理的東西。許多人其實已經具有深入的洞見，但他們不願在人生中體現它們、深入探究其本質，以及打開所有的這些通道。將洞見或改變人生的體驗像手中的珍寶一樣，在餘生中孤芳自賞，這可能看起來簡單多了。這確實是比較簡單，但終究無法令人滿意，因爲你尚未活出那個洞見，你尚未將它生活化。

到了這些練習的尾聲，有一個練習可以移除直捷之道上任何一個階段的障礙，那就是：寬恕。寬恕談的是放下（「放下」是個強烈的字眼，但接下來我還是會使用它）——放下仇恨、憤怒和怨懟，因爲它們會阻礙通往洞見的道路。寬恕使你從過去的魔掌中解脫出來。當你寬恕別人，你自己就從他們那邊解脫了。當你寬恕自己，你就從過去中解脫了。你會讓自己進步和成長，而這需要謙遜。畢竟我們都是人，我們都做過那些需要寬恕自己的事；同樣的，別人也對我們做過許多事，而我們必須寬恕，才能不再用過去來界定自己。這是心的問題；這需要勇氣、說實話和責任感。

關於寬恕，人們往往會有所混淆。因此讓我澄清一件事：寬恕的意思不是忘記，也不是去否認痛苦的經歷。沒有什麼東西會被否認。寬恕並不是繞過某些事，或是將它們隱藏起來。對許多人來說，以下這個概念是很奇怪的：你既不否定發生的事，也不否定自己的痛苦，但同時又不心懷憤怒和怨懟。事實上，當我們心懷憤怒和怨懟時，只會讓痛苦之事繼續活在我們的心中。換句話說，如果我們不放下它，我們就是在對自己施加痛苦。放下聽起來好像很容易，但是當你感到受傷或被冤枉時，或是當你使別人感到受傷或冤枉時，事情就沒那麼簡單了。我們必須把心帶進來，因爲這不是理智上的鍛鍊，而是心的鍛鍊。

寬恕有一部分是去了解到，不論我們傷害別人或被人傷害，這一切都是出自於無知或無意識的狀態。在某種程度上，我們都是無意識的，我們甚至可能在無意之中就傷害了別人。有時候我們可能會有意傷害別人（這確實也可能發生），但即使是這樣的意圖，也是出自於無意識的狀態。無論傷害的來源是什麼，寬恕都意謂著你已準備好不再讓那件事界定你，你已準備好不再囿於痛苦之中，因爲人生還有更多美好的事物。

如果你的生命中有任何你覺得需要寬恕的地方，首先提醒自己，那些傷害的行爲都是出自於無意識。沒有人會在美好的一天醒來，處於一體和美妙的生命狀態，然後選擇出門去做一些糟糕透頂的事。事情不是這樣的。這種事的發生通常是出自於痛苦、衝突和無意識。我們都在某種程度上做過這種事，我們都曾經出於痛苦、衝突和無意識來行動。這是身而爲人的一部分，但如果我們想讓自己超越它而進化成更好的生命（遵循直捷之道走向覺醒），我們就必須寬恕。我們必須決定我們不想再受到過去的限制——不是藉由忘掉過去或合理化它，而是下定決心再也不活在過去。選擇在你的手上；你本來就具足寬恕的能力。

練習29

培養寬恕的能力

• 今天，想想自己有哪些狀況或相遇可能需要寬恕。注意寬恕需要勇氣，寬恕需要誠實，寬恕需要諒解。透過寬恕來讓自己和他人解脫，這是你能給予自己和他人的愛與無私的行動。提醒你自己，你不想在怨恨和憤怒中度過餘生，因為你知道人生還有更多美好的事物。

- 寬恕與心有關。不論發生任何事，對自己說：「好吧，我願意放下它。我願意寬恕。我願意祝福這個迷惑，祝福這個痛苦，然後繼續向前行。」如此一來，你就打開了心裡的通道。你繼續向前行，因此某種更大、更真實、更令人有活力、更美麗、更坦率、更勇敢的東西就能穿透你。那就是寬恕。

- 想一想寬恕對你來說是什麼？不需要人告訴你該如何做，只要在生活中思考以下的問題：「對我來說，寬恕是什麼？我需要做什麼？我的內心必須採取什麼姿態才能放下、才能做真正的自己？」讓這些提問成為你這一天的焦點所在。

第 30 課

一個超越想像的體驗

你已經探索和遵循直捷之道，我希望你已經了解，眞正的靈性覺醒標示著無止盡的追尋和追尋者身分的結束。然而，它並沒有結束持續深入的了解，也沒有結束洞見的發展及將它體現在日常生活中。就這個意義來說，開悟並不是一個有終點線的目標，而是一種有意識、誠摯的生活方式。它是愛和自由的道路及行動，但它同時也是對一切生命的責任與深切的關懷。直捷之道是打開通往靈性覺醒大門的方法，而靈性覺醒也會反過來打開這些可能性的大門，但並不絕對保證這些可能性。

覺醒是一件改變生命的事，但它同時也是一趟深入又艱鉅的旅程的開始。這趟旅程不是給那些內心軟弱的人，也不是給那些容易心灰意冷的人走的，畢竟這是一趟深不可測的旅程。若想不止滿足於覺醒的驚鴻一瞥，你就必須用盡你所有的勇氣和謙遜。如果我不告訴你這些，我就沒有對你說實話。若要說靈性是什麼的話，它就是尋找及說實話；它就是從你的每一個幻覺中醒來，包括那些你想要保留的幻覺；它就是一次又一次地面對及穿越你的抗拒和恐懼，其次數超乎你的想像；它就是提防靈性上的自我膨脹，同時又有勇氣在此生站起來主張你的眞實生命；它就是在每個人和一切生靈、每個事件和相遇中，眞正地看見及體驗到上主的聖容；它就是了悟及理解到這個活生生的事實：生命或者是神（the Divine）或上主不會胡來，並且不會總是（甚至通常不會）根據你的喜好來運作。幸好，對神來說，我們的覺醒才是最重要的。神賜予我們每一個人在此生覺醒所需要的一切，你注意到了嗎？上主是不會手軟的。我們對打開自己的眼和心的抗拒有多大，我們的痛苦就有多大。

不要想當然耳地認爲每個洞見和每個被揭示的眞相都是美好的，因爲它們並非全部都是美好的。事實上，它們大多數都不會是美好的，但它們有可能讓你體驗到那遠超過你所能想像的生命體驗。許多人受到召喚而走向覺醒的人生，但只有少數人是無條件地選擇它。這是我的經驗談。覺醒的人生其實比他們所討價還價的更豐盛；它就在那裡，它是既眞實又敞開的。整個世界都在等待你、相信你、相信我們每一個人覺醒於我們共同的實相，並且盡可能清晰、誠實、謙遜地活出它。我們並沒有被要求完美；我們只需要保持清醒和完整。我們只被要求見證生命的一體性。單單是生命的一體性就是最強而有力的力量。因此，保護好你的頭腦、心和自我，讓它們遠離現今普遍存在的憤怒、怨恨和怪罪；站起身子，盡可能有意識地、勇敢地體現你的生命。

我最喜歡的詩人威廉·斯塔福德（William Stafford）在《念給彼此聽的儀式》（*A Ritual to Read to Each Other*）中這樣說道：

「清醒的人保持清醒是很重要的，否則斷裂的線就可能使他們心灰意冷而回到沉睡中；我們給的信號——是或不是，或也許——應當是清楚的：我們的周圍是深深的黑暗。」

我希望直捷之道的教導對你有所幫助，這也是做這些練習的唯一目的。我希望你將它們帶在身邊，每當你覺得需要練習時就將它們付諸實踐。你只需要進入這些直指的指示的其中之一，來覺醒於新的生命維度。永遠不要忘記，活出覺醒的人生是你與生俱來的權利。它不是屬於稀有的少數人。如果你相信只有少數人能活出覺醒的人生，你就可能以那樣的信念來生活。但我可以告訴你，覺醒的人生不是特例，而是真實的可能性——我們不僅能夠覺醒，並且能在我們意想不到的程度上活出及體現那個覺醒。我們內在有某個東西、某種深層的原始本能眞的想要覺醒。那些強而有力的揭示時刻是必要又驚人的，但它渴望的不是只有這個。我們有某種本能想將自己的洞見生活化、使它成眞、將它帶回人間、帶回我們的生活、帶回人生體驗的本質。要記住，它與完美無關。我們是無法做到完美的，但我們能以我們想像不到的方式，將我們生命的美妙眞相體現出來。這是終極的旅程。它已經在我們裡面，我們只需要對它敞開及擁抱它。

感謝你。我喜歡分享這些教導。對我來說，這是一趟很棒的旅程，希望對你來說也是如此。願你得到祝福，從而祝福一切。

致謝

衷心感謝珍妮佛・邁爾斯（Jennifer Miles）出色的封面設計：您將創意和情感轉化成吸睛的畫面和設計的本事，令我既欣賞又欽佩。此外，我也要感謝本書的主編艾麗絲・佩克（Alice Peck）：您使我的文字變得清晰又流暢，這一點對本書來說尤爲重要；在我眼裡，您就是優秀編輯的表率。最後，我也要對米契爾・克魯特（Mitchell Clute）表達誠摯的感謝：謝謝您爲我與眞實之音出版社（Sounds True）合作的那些專案帶來具深刻見解的建議、鼓勵、熱情和釐清，您似乎總是知道該提出哪些問題或建議來讓專案的重點更加明確。

國家圖書館出版品預行編目（CIP）資料

直捷之道【阿迪亞香提的覺醒課】：三十堂課，體驗真正的開悟和解脫 / 阿迪亞香提（Adyashanti）著；謝明憲譯. -- 初版. -- 臺北市：橡實文化出版：大雁出版基地發行，2022.03
面； 公分
譯自：The direct way : Thirty practices to evoke awakening

ISBN 978-626-7085-10-3（平裝）

1. 禪宗 2. 佛教修持

226.65 111000275

BC1105

直捷之道【阿迪亞香提的覺醒課】：三十堂課，體驗真正的開悟和解脫

The Direct Way: Thirty Practices to Evoke Awakening

作　　者　阿迪亞香提（Adyashanti）
譯　　者　謝明憲
責任編輯　田哲榮
協力編輯　劉芸蓁
封面設計　斐類設計
內頁構成　歐陽碧智
校　　對　蔡昊恩

發 行 人　蘇拾平
總 編 輯　于芝峰
副總編輯　田哲榮
業務發行　王綬晨、邱紹溢
行銷企劃　陳詩婷
出　　版　橡實文化 ACORN Publishing
地址：10544 臺北市松山區復興北路 333 號 11 樓之 4
電話：02-2718-2001　傳眞：02-2719-1308
網址：www.acornbooks.com.tw
E-mail 信箱：acorn@andbooks.com.tw
發　　行　大雁出版基地
地址：10544 臺北市松山區復興北路 333 號 11 樓之 4
電話：02-2718-2001　傳眞：02-2718-1258
讀者傳眞服務：02-2718-1258
讀者服務信箱：andbooks@andbooks.com.tw
劃撥帳號：19983379　戶名：大雁文化事業股份有限公司

印　　刷　中原造像股份有限公司
初版一刷　2022 年 3 月
初版二刷　2022 年 5 月
定　　價　380 元
I S B N　978-626-7085-10-3